MEASLY MEDICINE
by Nick Arnold, illustrated by Tony De Saulles
Text copyright ⓒ 2006 by Nick Arnold
Illustrations copyright ⓒ 2006 by Tony De Saulles
All rights reserved.
Korean translation copyright ⓒ 2008 by Gimm-Young Publishers, Inc.
This Korean edition was published by Gimm-Young Publishers, Inc. in 2008
by arrangement with Scholastic Ltd. through EYA(Eric Yang Agency), Seoul.

이 책의 한국어판 저작권은 에릭양 에이전시를 통해 Scholastic Ltd.와 독점계약한
(주)김영사에 있습니다. 저작권법에 의하여 한국 내에서 보호를 받는 저작물이므로
무단 전재와 복제를 금합니다.

의학이 으악으악

1판 1쇄 인쇄 | 2008. 10. 31.
개정 1판 1쇄 발행 | 2019. 12. 5.

닉 아놀드 글 | 토니 드 솔스 그림 | 이충호 옮김

발행처 김영사 | 발행인 고세규
등록번호 제 406-2003-036호 | 등록일자 1979. 5. 17.
주소 경기도 파주시 문발로 197(우10881)
전화 마케팅부 031-955-3100 | 편집부 031-955-3113~20 | 팩스 031-955-3111

값은 표지에 있습니다.
ISBN 978-89-349-9844-0 74080
ISBN 978-89-349-9797-9 (세트)

좋은 독자가 좋은 책을 만듭니다. 김영사는 독자 여러분의 의견에 항상 귀 기울이고 있습니다.
독자의견전화 031-955-3139 | 전자우편 book@gimmyoung.com
홈페이지 www.gimmyoungjr.com | 어린이들의 책놀이터 cafe.naver.com/gimmyoungjr

이 도서의 국립중앙도서관 출판시도서목록(CIP)은 서지정보유통지원시스템
홈페이지(http://seoji.nl.go.kr)와 국가자료공동목록시스템(http://www.nl.go.kr/kolisnet)에서
이용하실 수 있습니다. (CIP제어번호 : CIP2019031698)

어린이제품 안전특별법에 의한 표시사항

제품명 도서 제조년월일 2019년 12월 5일 제조사명 김영사 주소 10881 경기도 파주시 문발로 197
전화번호 031-955-3100 제조국명 대한민국 ⚠주의 책 모서리에 찍히거나 책장에 베이지 않게 조심하세요.

차례

책머리에	7
내멋대로 박사의 진료실	10
잔인한 옛날 의사들	22
세계 각지의 옛날 의학	40
의사가 되는 방법(죽지 않고서!)	48
고생고생한 여성 의사들	61
끔찍한 치료법	68
돌팔이 의사와 기상천외한 민간 요법	80
공포의 해부	92
야만적인 수술	109
병을 주는 병원	122
공포의 병균과 맞서 싸운 사람들	137
의학의 기적과 실패	151
끝맺는 말: 건강한 미래	164

닉 아놀드는 어린 시절부터 이야기와 책을 쓰기 시작했지만, 으스스한 의학에 관한 책을 써서 유명해지리라고는 꿈에도 생각지 못했다. 이 책을 쓰기 위해 아놀드는 환자용 의자에 앉아 보기까지 했다. 그렇지만 그는 그 모든 것을 즐겼다고 한다.

〈앗, 이렇게 재미있는 과학이!〉 시리즈에 관한 일을 하지 않을 때에는 피자를 먹거나 자전거를 타거나 썰렁한 농담을 생각한다고 한다(음, 물론 이 모든 것을 동시에 하는 것은 아니다).

토니 드 솔스는 기저귀를 차고 다닐 때부터 크레용을 집어 들고 놀았으며, 그 후로 계속 그림을 그려 왔다. 그는 〈앗, 이렇게 재미있는 과학이!〉 시리즈에 홀딱 빠져 거북의 뇌를 먹어 보는 것도 마다하지 않았다. 다행히도 지금 그는 건강을 완전히 회복했다.

스케치북을 들고 밖으로 나가지 않을 때면 시를 쓰거나 스쿼시 게임을 즐긴다. 그렇지만 아직까지 스쿼시에 관한 시는 한 편도 쓴 적이 없다고 한다.

책머리에

몸이 아픈 것보다 더 나쁜 것이 있다면…… 그것은 바로 치료를 받는 것이다! 여러분은 병원에 가서 기분 나쁜 진료를 받고 맛이 끔찍한 약을 먹는 게 좋아?

그러나 이 책을 읽으면 알겠지만, 의학에는 단지 끔찍한 약과 병, 무시무시한 의사만 있는 게 아니다. 여러분을 위해 특별히 의학 전문가인 내멋대로 박사를 모셨으니, 한눈팔지 말고 이야기를 잘 듣도록!

내멋대로 박사 말이 맞다. 의학은 병을 치료하는 과학이다. 살아가면서 누구나 병에 걸리기 때문에 모든 사람에게는 의학의 도움이 꼭 필요하다. 의학은 심지어 여러분의 목숨도 구해 줄 수 있다. 그러니 이 책을 읽으면서 의학이 어디서 왔으며, 어디로 가고 있는지 알아보기로 하자.

여러분은 지금 얼마나 행복한지 잘 모른다. 옛날의 의학은 지금보다 훨씬 끔찍했다. 그러니까……

● 아무 효과 없는 괴상망측한 치료법

● 잔인한 수술

● 치명적인 실수

이 책을 읽고 나면, 여러분은 이 모든 것에 대해 통달하게 될 것이다. 그리고 혹시 알아? 여러분이 의사 선생님에게 끔찍한 약을 맛보게 할 수 있을지도……

그래도 한 가지만큼은 확실하다! 몸이 아프더라도 이전처럼 그렇게 호들갑을 떨거나 불안에 떨지 않으리란 것!

내멋대로 박사의 진료실

자, 텔레비전에서 하는 병원 드라마를 잠시 살펴보자.

그러나 내멋대로 박사의 병원으로 가기 전에 꼭 알아 두어야 할 사실이 몇 가지 있다.

내멋대로 박사에 관해 꼭 알아야 할 사실

이름: 내멋대로 박사(이게 본명인지 별명인지 확실치 않다. 그래도 그걸 물어보면 실례겠지?)

나이: 표지에 나온 바로 그 사람 아닌가? 보기보다 그렇게 나이가 많진 않을 것이다.

직업: 동네 병원 의사. 일반의라고도 함. 그러니까 병원에 찾아오는 환자들을 치료하는 일을 한다. 자기가 고칠 수 없는 환자는 더 큰 병원으로 가라고 한다.

좋아하는 것: 텅 빈 병원

싫어하는 것: 병에 걸리지 않은 '멍청한' 환자

듣기 싫어하는 말: 대머리(내멋대로 박사는 이것에 대해 아주 민감하다). 아, 그리고 이 책을 읽으면서 웃지 말도록. 내멋대로 박사는 의사들이 하는 썰렁한 농담을 할 때에도 아주 진지하니까.
자, 그럼 계속 읽어도 좋다.

내멋대로 박사의 진료실

내멋대로 박사는 환자를 치료하는 광경을 여러분에게 기꺼

이 보여 주겠다고 한다. 대기실에는 이미 많은 환자가 기다리고 있는데, 불쌍한 우리 몸이 어떻게 잘못되는지 구경하기에 아주 좋은 장소다.

1. 병

병의 종류는 수백 가지가 넘는다. 개중에는 부모에게서 물려받는 병도 있지만, 대부분은 세균이나 바이러스 같은 병균이 병을 일으킨다. 병균이 여러분의 몸속으로 침투하는 방법은 여러 가지가 있다.

● 호흡을 통해
● 음식물을 통해
● 상처를 통해

일단 몸속으로 침투한 병균은 증식하면서 몸을 이루고 있는 작은 세포들을 중독시키고 죽인다. 이것을 '감염' 이라고 부른다.

2. 건강에 좋지 않은 생활 습관
일부 질병은 건강에 좋지 않은 생활 습관 때문에 생긴다. 예를 들어 의사들은 지방질이 많은 음식을 주로 먹고 운동을 잘 하지 않는 사람은 심장병에 걸릴 위험이 크다고 말한다. 또 흡연은 심장병과 폐암의 원인이 된다.

3. 부상
우리의 몸은 사고나 폭력으로 다칠 수 있다. 부상의 종류로는 다음과 같은 것들이 있다.
- 뼈가 부러지는 것(골절)
- 피부에 생긴 상처
- 화상
- 멍이나 타박상
- 칼에 찔리거나(자상) 총탄에 맞는 것(총상)

얼굴이 왜 그래?

어… 전 늘 이런데요.

4. 출산
임신과 출산은 여성의 몸에 큰 변화를 가져온다. 옛날에는 출산이 아주 위험한 일이었고, 많은 여성이 아기를 낳다가 죽었다(139쪽 참고).

5. 노화
병과 부상과 출산에서 무사히 살아남는다 하더라도, 늙는 것은 아무도 피할 수 없다(나이 든 선생님은 이 사실을 절대로 인정하려 하지 않을 테지만). 나이가 들면 시력과 청력이 나빠지고 관절염이 생기는 등 신체 기능이 떨어진다.

내멋대로 박사는 이렇게 말한다.

자, 그러면 이제 내멋대로 박사의 진료실로 들어가 보기로 하자. 문을 정중하게 똑똑 두드리고 나서 방 안으로 들어가면, 내멋대로 박사는 여러분에게 질문을 던질 것이다.

병 때문에 나타나는 효과를 '증상'이라 부르는데, 의사들은 그런 증상을 놓치지 않고 잘 포착하는 훈련을 받는다.

★ 요건 몰랐을걸!

17세기에 살았던 의사 토머스 시드넘(Thomas Sydenham, 1624~1689)은 발가락 관절에 아주 심한 통증이 나타나는 통풍의 증상을 기술했다. 그가 한 말을 옮기면 대충 다음과 같다.

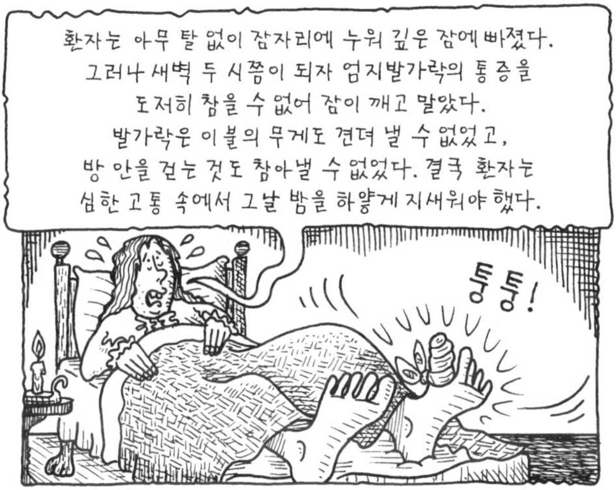

> 환자는 아무 탈 없이 잠자리에 누워 깊은 잠에 빠졌다. 그러나 새벽 두 시쯤이 되자 엄지발가락의 통증을 도저히 참을 수 없어 잠이 깨고 말았다. 발가락은 이불의 무게도 견뎌 낼 수 없었고, 방 안을 걷는 것도 참아낼 수 없었다. 결국 환자는 심한 고통 속에서 그날 밤을 하얗게 지새워야 했다.

그 통풍 환자는 다름 아닌 토머스 시드넘 자신이었다!

의사는 환자의 병이 부모에게서 물려받은 것인지, 아니면 나쁜 생활 습관 때문에 생긴 것인지 알아내려고 한다.

의사는 여러분이 하는 말을 늘 곧이곧대로 믿지는 않는다. 평소 건강에 좋은 음식을 먹는다는 둥 운동을 많이 한다는 둥, 실제보다 과장해서 이야기하는 경우가 많기 때문이다. 의사는 너무 바빠서 모든 것을 다 기억할 수 없기 때문에 여러분이 하는 말을 기록해 둔다. 이런 메모는 대개 직접 손으로 쓰지만, 요즘에는 컴퓨터를 사용하는 경우도 많다.

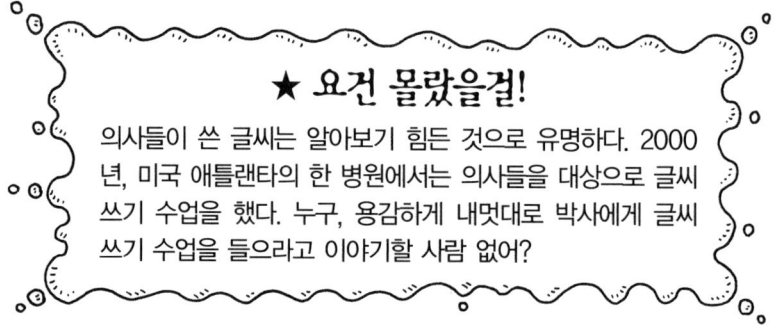

★ 요건 몰랐을걸!
의사들이 쓴 글씨는 알아보기 힘든 것으로 유명하다. 2000년, 미국 애틀랜타의 한 병원에서는 의사들을 대상으로 글씨 쓰기 수업을 했다. 누구, 용감하게 내멋대로 박사에게 글씨 쓰기 수업을 들으라고 이야기할 사람 없어?

의사는 증상을 물은 뒤에 여러분의 몸을 검사할 것이다. 염증이나 반점, 발진, 혹, 종기, 혀의 백태 같은 증상을 찾으려고 할 것이다. 또 솜막대 같은 것으로 여러분의 신체 표본을 채취한 뒤 실험실로 가져가 병균이 있나 살펴보기도 한다. 환자의 신체를 검사할 때에는 여러 가지 장비를 사용한다. 내멋대로 박사가 가지고 다니는 가방 속에는 무엇이 들어 있는지 들여다보자.

마침내 내멋대로 박사는 충분한 정보를 얻어 환자의 몸에서 어디가 안 좋은지 판단할 수 있게 되었다. 이런 과정을 진단이라 부른다. 그러면 내멋대로 박사가 어떻게 하는지 살펴보자.

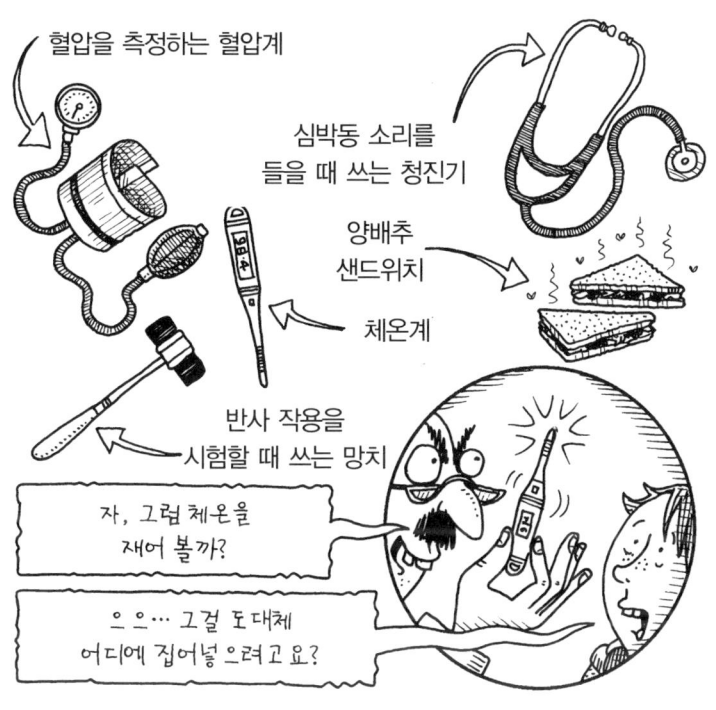

내멋대로 박사의 진단

그러고 나서 의사는 질병이 앞으로 어떻게 될지 이야기해 주는데, 이것을 예후(豫候)라 부른다.

의사는 여러분에게 약을 먹으라고 하거나 다른 치료법을 알려 줄 것이다. 이것을 처방이라 부른다.

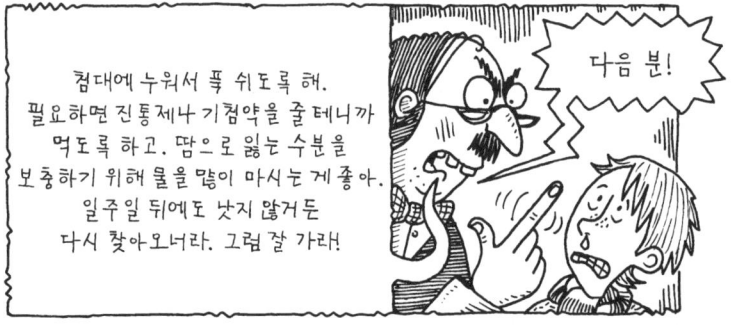

사실, 모든 질병 중 80~90%는 우리 몸속의 백혈구를 중심으로 한 신체 방어 체계가 작동하여 저절로 치료된다. 훌륭한 백혈구 군대는 지긋지긋한 병균과 싸워 물리친다. 백혈구 중에는 병균을 발견하는 정찰병도 있고, 항체라는 물질을 만들어 병균을 죽이거나 꼼짝 못하게 하는 것도 있다. 또 죽거나 꼼짝 못하는 병균을 먹어치우는 백혈구도 있다. 그러니까 아프다고 해서 무조건 의사를 찾아갈 필요는 없다는 사실! 대개는 몸이 알아서 스스로 치료한다.

자, 이제 의사를 찾아가면 어떤 일이 일어나는지 알았지? 그런데 정말로 중요한 사실이 있다!

정말로 중요한 사실

이 장에서 여러분이 본 것들은 모두 누군가가 발명한 것이다. 그 놀라운 장비들을 발명한 사람들이 누구인지 알아보기로 하자.

수혈

환자에게 연결된 관

수혈은 부상을 입어 잃은 혈액을 보충하기 위해 새로운 혈액을 환자의 몸에 집어넣는 것이다. 수혈을 하려는 시도는 이전부터 있었지만, 오스트리아의 카를 란트슈타이너(Karl Landsteiner, 1868~1943)가 사람의 혈액형은 네 가지가 있으며, 서로 섞이는 것과 섞이지 않는 것이 있다는 사실을 발견함으로써 수혈을 안전하게 할 수 있게 되었다.

심전도계

몸에 붙이는 감지 장치

심장에서 나는 미약한 전기 신호를 측정한다. 네덜란드 과학자인 빌렘 에인트호벤(Willem Einthoven, 1860~1927)이 1903년에 발명했다.

세동 제거기

꺼져 가는 심장을 다시 뛰도

록 하기 위해 충격을 주는 기계. 1947년 미국 외과의사 클로드 벡(Claude Beck)이 환자의 목숨을 구하기 위해 처음 사용했다.

진단, 예후, 처방

기원전 400년경 그리스 의사 히포크라테스(Hippocrates, 32쪽 참고)가 발명했다.

체온계

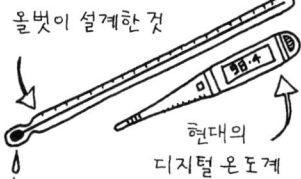

올벗이 설계한 것

현대의 디지털 온도계

1867년 토머스 클리퍼드 올벗(Thomas Clifford Allbutt, 1836~1925)이 발명했다. 그 전에는 길이가 30cm나 되고, 측정하는 데 시간이 20분이나 걸리는 온도계를 사용했다.

혈압계

1835년 프랑스 의사 쥘리위스 에리송(Julius Hérisson)이 처음 발명했지만, 그 후 많이 개량되었다.

청진기

1816년 프랑스의 르네 라에네크(René Laënnec, 1781~1826)가 발명했다.

이제 대충 감 잡았지? 현대 의학에서 사용하는 모든 장비와 치료법은 고생고생한 과학자들과 헌신적인 의사들의 노력으로 발견되거나 발명되었다. 이 책의 나머지 부분에서는 놀라운 성공과 아찔한 실패로 얼룩진 흥미진진하고도 섬뜩한 이야기를 들려 줄 것이다.

잔인한 옛날 의사들

석기 시대 사람들도 놀라운 치료법을 알고 있었다. 그중에는 머리에 구멍을 뻥 뚫는 수술도 있었다!

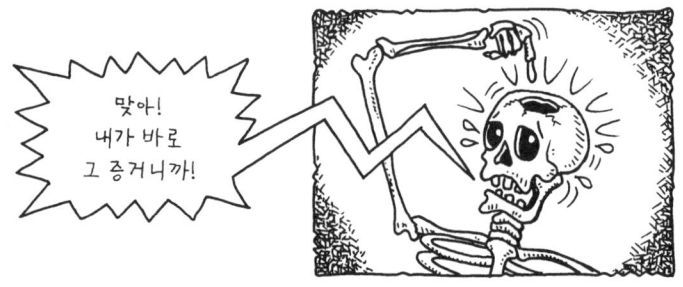

석기 시대 사람들의 놀라운 치료법 다섯 가지

1. 접골(부러진 뼈의 양 끝을 붙여 놓고 부목으로 지지하여 뼈가 들러붙게 하는 것). 부목은 지금도 사용되고 있다.

2. 절단(음, 그러니까 감염된 팔이나 다리, 손가락, 발가락 따위를 잘라 내는 걸 말한다). 오늘날의 의사들도 긴급한 경우에 절단을 한다.

3. 약초. 석기 시대의 주거지 근처에서는 개박하가 자란 흔적이 함께 발견되기도 했다. 이것은 아마도 석기 시대 사람들이 배탈이 났을 때 약초로 사용하기 위해 키웠을 것이다. 그런데 고양이는 개박하를 보면 환장을 한다. 그러니 석기 시대에 이미 애완 고양이를 키웠을 가능성이 있다.

4. 상처 봉합. 석기 시대 사람들은 뼈바늘을 사용해 상처를 꿰매는 방법을 알고 있었던 것 같다. 오늘날의 외과 의사들도 상처를 봉합한다(뼈바늘을 사용하는 건 아니지만).

5. 천두술(穿頭術). 천두술이 무슨 술이냐고? 하하, 뚫을 천, 머리 두, 곧 머리를 뚫는 뇌수술을 말한다. 그러니까 날카로운 부싯돌이나 뾰족한 막대로 두개골에 구멍을 뚫어 뇌가 드러나게 하는 수술이다. 머리를 시원하게 하는 데에는 도움이 되었겠군!

석기 시대의 외과 의사들은 환자가 대머리가 되든 머리에 구멍이 뚫린 상태로 평생을 살아가든, 그런 것에는 개의치 않고 아주 용감했던 것 같다.

석기 시대 사람들이 왜 천두술을 했는지는 아무도 모르지만, 천두술은 널리 행해진 것으로 보인다. 구멍이 뚫린 두개골이 세계 각지에서 발견되기 때문이다.

여러분의 건강을 위한 경고!

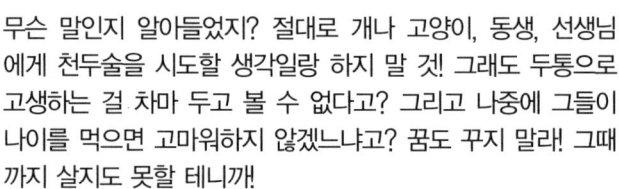

오늘날에도 외과의사는 뇌출혈로 인해 두개골 속에 높아진 압력을 낮추기 위해 천두술을 하지. 그렇지만 집에서 이걸 해 보려고 하는 사람은 정신병자 말고는 없을 거야.

무슨 말인지 알아들었지? 절대로 개나 고양이, 동생, 선생님에게 천두술을 시도할 생각일랑 하지 말 것! 그래도 두통으로 고생하는 걸 차마 두고 볼 수 없다고? 그리고 나중에 그들이 나이를 먹으면 고마워하지 않겠느냐고? 꿈도 꾸지 말래! 그때까지 살지도 못할 테니깨!

그래도 천두술을 한번 해 보고 싶다고? 정 그렇다면 참외를 대상으로 한번 해 보기로 하자.

직접 해 보는 실험 : 천두술

준비물 :

참외. 이왕이면 수박이 더 낫다. 겉은 초록색이지만 속은 물컹물컹한 붉은색이기 때문이다. 사람 환자의 머리처럼!

뾰족한 연필

과도(날이 뭉툭한 것)

사인펜과 핀셋

실험 방법:

1. 참외 위에 얼굴 모양을 그려 넣는다. 그 얼굴이 선생님처럼 보인다면, 그것은 어디까지나 여러분의 책임이다. 알았지?

2. 연필 끝을 참외 꼭대기에 살짝 찔러 넣는다. 연필을 양손 사이에 잡고 빙빙 돌리면서 참외 껍질을 뚫고 들어가게 한다.

3. 참외의 뇌, 그러니까 살 속까지 뚫고 들어가지 않게 조심하라. 설마 지금 환자를 죽이고 싶은 건 아니겠지?

4. 구멍 하나를 다 뚫었으면, 원형으로 구멍을 6~7개 더 뚫는다. 구멍과 구멍 사이의 간격은 2cm쯤으로 한다.

5. 과도를 사용해 구멍과 구멍 사이의 껍질을 판다. 이때에도 살을 다치게 하지 않도록 조심하라. 참외에서 액체가 피처럼 뚝뚝 떨어지겠지만, 여러분은 의사이니 웬만큼 섬뜩한

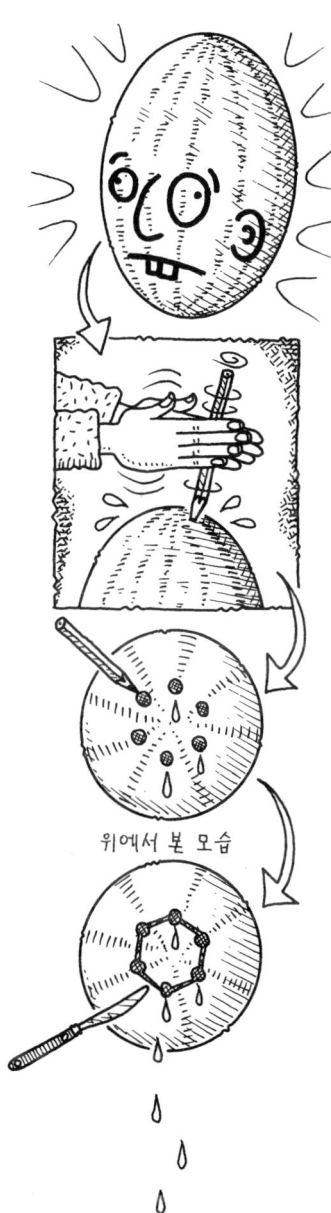

위에서 본 모습

건 충분히 참아 낼 수 있 겠지?

6. 이제 도려 낸 참외 껍질을 핀셋으로 들어낸 다. 그러면 그 밑에 있는 뇌의 살이 보일 것이다.

7. 이제 환자인 참외의 상태가 한결 좋아졌을 것 이다(그러길 빌자). 뭐 참

외 환자가 이 수술에서 살아남지 못한다 하더라도, 여러분은 환자를 먹어치워 버리면 된다. 그렇지만 사람 환자에게 같은 짓을 할 생각은 절대로 하지 말 것!

병이 득시글대는 도시

약 9000년 전부터 사람들은 도시를 만들어 살기 시작했는 데, 여러분은 아마도 참 잘한 일이라고 생각하겠지? 그 덕분에 상점이나 피자 가게가 많이 들어서게 되었을 테니 말이다. 그 러나 도시는 많은 병이 득시글대는 장소이기도 하다. 병을 옮 기는 이웃 사람들이 더 많아졌기 때문이다.

고대의 미라를 연구하는 과학자들은 옛날 사람들도 오늘날 사람들이 걸리는 것과 같은 병들에 걸렸다는 사실을 발견했다. 마침 내멋대로 박사가 섬뜩한 미라를 검사하고 있는 중이다.

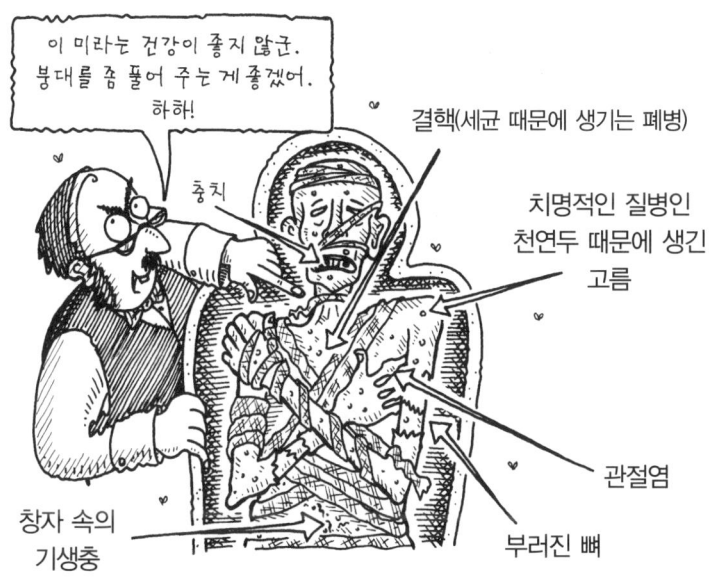

고대 이집트인은 수천 가지나 되는 치료법을 사용했다. 자, 여러분은 이 미라에 어떤 치료법을 사용하겠는가?

《의학이 으악으악》에서 제공하는
고대 이집트인의 괴상한 치료법

치통이 심하다고요? 혼자서 끙끙 앓지 마세요!

새로운 치료법 **따끈한 쥐 요법**

쥐의 몸통을 가른 다음, 따끈한 몸통을 잇몸에다 끼우세요.
틀림없이 효과가 있을 것입니다!

몸 상태가 좋지 않다고요?

새로운 치료법

마늘 구강 청정제

마늘이 잔뜩 든 이 구강 청정제는 고통스러운 치통을 싹 낫게 해 드릴 것입니다. 또한 인후염과 반갑지 않은 방문객도 싹 퇴치해 줄 것입니다! 개에게 한번 시험해 보면, 무는 것보다 짖는 것이 훨씬 지독하다는 걸 알게 될 겁니다!

이런 '발가락'이 진짜로 있을까요? 사고는 늘 일어나게 마련이지요. 설사 발가락을 몇 개 잃는다 하더라도 이제 절망은 뚝! 이집트 의사들이 발명한 경이로운 제품!

나무 엄지발가락

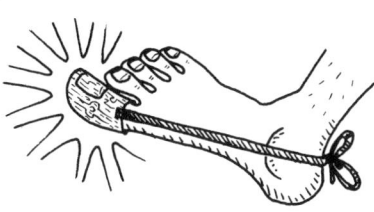

나무 재질과 색상을 원하는 대로 고를 수 있습니다!
"나무 발톱에 니스를 칠하니 정말 근사해요! 게다가 더 이상 발톱을 자를 필요도 없어요!"

상처에서 피와 고름이 계속 나와 고생하시나요? 그렇다면 이걸 써 보세요!

밀크 분뇨!

밀크 분뇨에는 최상급 똥과 우유 크림이 들어 있습니다. 상처에 발라 주기만 하면 금방 낫는답니다.

이것은 보기만 해도 즐겁답니다. 눈에 흐릿한 부분이 생긴다면, 즉 백내장에 걸렸다면, 이것을 써 보세요!

거북이 뇌 고약!

이것은 진짜 거북이의 뇌를 잘게 갈아 꿀과 섞은 것이랍니다.

아침저녁으로 눈알에다 발라 주면, 시력이 금방 돌아온답니다.

그러나 고대 이집트 의사들은 나름대로 최선을 다한 것이었다! 그리고 그들이 사용한 약 중에는 병균을 죽이는 데 효과가 있는 꿀이나 몰약 같은 것도 있었다.

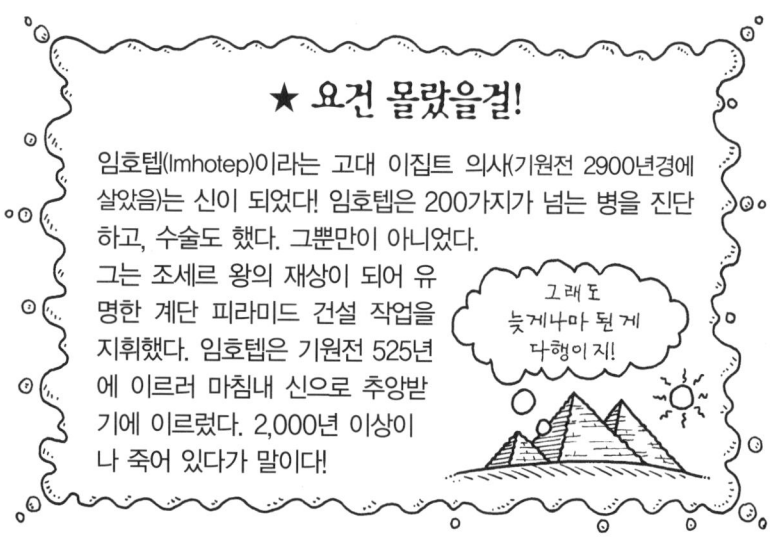

★ 요건 몰랐을걸!

임호텝(Imhotep)이라는 고대 이집트 의사(기원전 2900년경에 살았음)는 신이 되었다! 임호텝은 200가지가 넘는 병을 진단하고, 수술도 했다. 그뿐만이 아니었다. 그는 조세르 왕의 재상이 되어 유명한 계단 피라미드 건설 작업을 지휘했다. 임호텝은 기원전 525년에 이르러 마침내 신으로 추앙받기에 이르렀다. 2,000년 이상이나 죽어 있다가 말이다!

고대 그리스의 의학

고대 이집트인과 마찬가지로, 고대 그리스인에게도 의술의 신이 있었다. 그의 이름은 아스클레피오스(Asklepios)인데, 일부 전문가는 그가 실존했던 사람이라고 생각한다. 고대 그리스 시대에 몸이 아픈 사람은 신전으로 가서 병을 치료해 달라고 부탁했다. 그리고 그곳의 보육실에서 하룻밤을 보냈다.

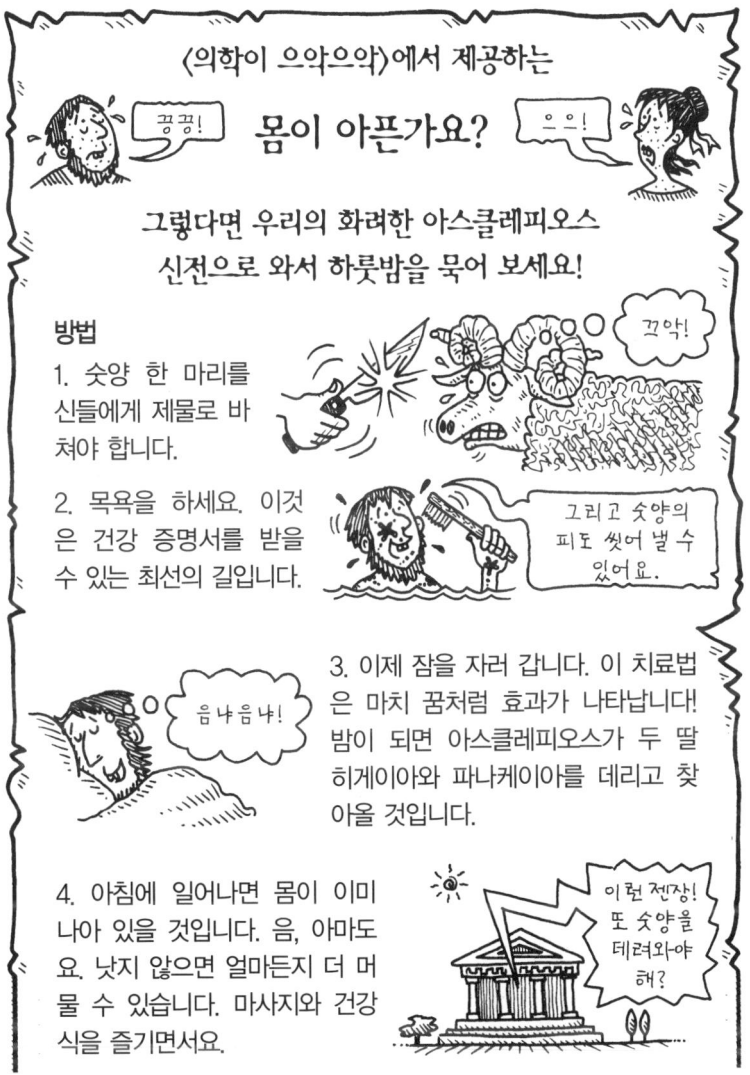

> ○ ○ ○ ○ ○ 🌸 **주의 사항** 🌸 ○ ○ ○ ○
> 1. 우리 신전에는 뱀이 우글거리고 있습니다. 그렇지만 걱정 마세요. 뱀은 치유의 상징이니까요. 2. 만약 여기서 죽는다면 아무에게도 알리지 마세요. 사업에 큰 지장이 있거든요. 우리는 여러분의 시체를 숲 속에 꼭꼭 숨길 것입니다! 3. 신전에서 숙박하는 데 따로 돈을 받진 않습니다. 그렇지만 병에 걸린 신체 부위를 황금으로 모형을 떠서 바쳐야 합니다. 경우에 따라 황금 팔이나 황금 다리를 바쳐야 하는 수도 있지요.

자, 뭔가 이상한 걸 눈치 채지 못했는가? 그렇다! 고대 그리스인은 병을 치료할 때 과학보다는 신에 의존했다. 대부분의 옛날 사람들과 마찬가지로 고대 그리스인 역시 질병이 자연적인 원인 때문에 생긴다고 생각하지 않았다.

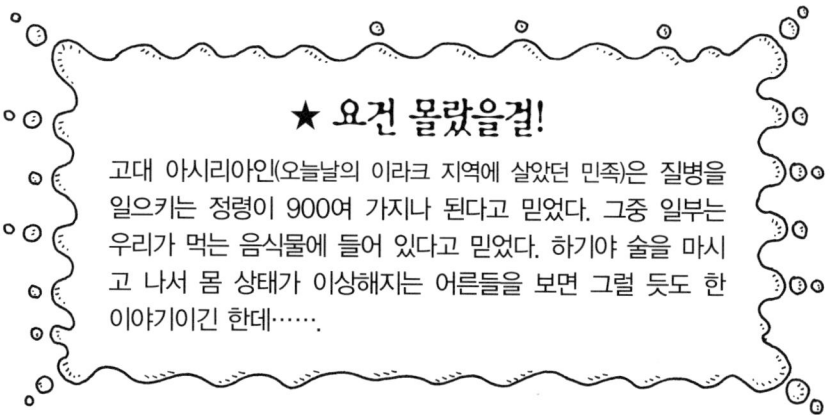

★ **요건 몰랐을걸!**

고대 아시리아인(오늘날의 이라크 지역에 살았던 민족)은 질병을 일으키는 정령이 900여 가지나 된다고 믿었다. 그중 일부는 우리가 먹는 음식물에 들어 있다고 믿었다. 하기야 술을 마시고 나서 몸 상태가 이상해지는 어른들을 보면 그럴 듯도 한 이야기이긴 한데…….

자연적인 원인 때문에 질병이 생긴다는 주장을 처음 한 사람들 중에 히포크라테스(Hippocrates, 기원전 460~기원전 377)라는 위대한 의사가 있었다. 그는 당시 사람치고는 상당히 오래 살았다. 하기야 자기 건강도 챙기지 못해 젊어서 콕 죽었다면 위대한 의사가 될 수 있었겠는가?

히포크라테스는 선생이었다. 그는 코스 섬의 플라타너스나무 밑에서 학생들을 가르쳤다. 그는 60권이 넘는 책을 썼다고 전해지지만, 그중 일부는 다른 사람들이 썼을 것이다. 어쨌든 히포크라테스가 했다는 말을 몇 가지 소개하니, 나이 든 선생님에게 써먹어 보라.

히포크라테스는 후대의 의사들에게 큰 영향을 미쳤다.

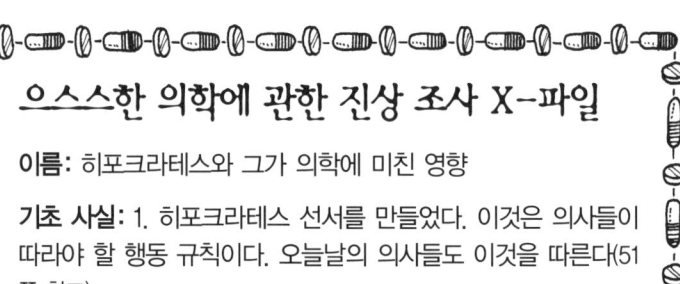

으스스한 의학에 관한 진상 조사 X-파일

이름: 히포크라테스와 그가 의학에 미친 영향

기초 사실: 1. 히포크라테스 선서를 만들었다. 이것은 의사들이 따라야 할 행동 규칙이다. 오늘날의 의사들도 이것을 따른다(51쪽 참고).

2. 히포크라테스는 이전의 의사들과는 달리 환자를 자세히 관찰하라고 가르쳤다. 질병은 신이나 정령 때문에 생기는 것이 아니라, 자연적인 원인 때문에 생긴다고 주장했다.

으스스한 사실: 히포크라테스는 자연적인 원인을 설명하려고 시도하면서 실수를 저질렀다. 더 읽어 보면 그가 주장한 체액설이 얼마나 많은 환자에게 고통을 주었는지 알게 될 것이다.

네 가지 체액

히포크라테스는 만물은 흙, 공기, 불, 물의 네 가지 원소로 이루어져 있다고 믿었는데, 인체도 예외가 아니었다. 히포크라테스는 사람도 각각 흙과 공기와 불과 물의 성질을 지닌 네 가지 체액으로 이루어져 있다고 주장했다. 네 가지 체액의 이름은 혈액, 담즙(혹은 황담즙), 점액, 흑담즙이다. 히포크라테스는 몸속에서 네 가지 체액의 균형이 깨어지면 병에 걸린다고 생각했는데, 이것은 틀린 생각이었다.

정말로 심각한 문제는 로마 사람들이 히포크라테스의 개념을 환자에게 해로운 방식으로 적용한 데 있었다.

고대 로마의 의술 – 좋은 것과 나쁜 것 그리고 메스꺼운 것

좋은 것…… 로마의 의사들은 훌륭했다. 특히 군의관들은 상처를 치료하는 경험을 많이 쌓았다(그 이유는 짐작할 수 있겠지?). 아이티우스(Aetius, 502~575)는 동맥(심장에서 몸으로 나가는 혈액이 지나가는 혈관)을 묶는 방법을 알고 있었는데, 이 기술은 1000년도 더 지난 후에야 의사들이 다시 발견하게 된다.

나쁜 것…… 로마 사람들은 아주 끔찍한 치료법을 사용했다. 졸도를 하는 사람이 있으면 죽은 검투사의 피를 마시게 했다. 노예에게는 양배추를 치료약으로 먹였다. 양배추 치료법은 마르쿠스 카토(Marcus Cato, 기원전 234~기원전 149)가 발명했는데, 양배추가 소와 노예의 모든 병을 고쳐 준다고 주장했다. 그렇지만 노예보다는 소의 병을 치료하는 데 더 많이 사용되었는데, 소가 노예보다는 더 비쌌기 때문이다. 그는 자신이 쓴 책에서 이 발견에 대해 언급했다. 시의 형식으로 쓴 그 글을 살펴보자.

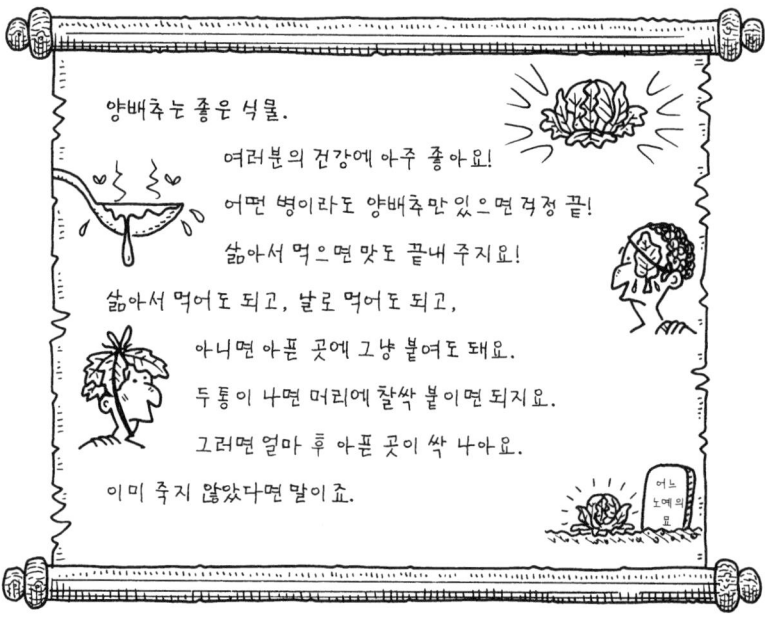

잔인한 카토는 노예 주인들에게 양배추 치료법으로 병이 낫지 않는 노예들은 '없애' 버리라고 충고했다. 그렇지만 양배추를 먹고 살아남은 노예는 지독한 트림 냄새를 풍기지 않았을까?

로마 시대의 가장 유명한 의사는 아주 성질이 나쁘고 괴상한 생각을 가진 그리스 사람 갈레노스였다. 그런 사람이라면 우리가 만나 보지 않고 그냥 넘어갈 수가 없지…….

다행히도 우리에게는 죽은 사람들을 무덤에서 파내 인터뷰를 하는 텔레비전 프로그램이 있다.

문제의 원인은 체액설이었다. 히포크라테스는 환자의 피를 자주 뽑지 않았고, 갈레노스 역시 그러지는 않았다. 그러나 코르넬리우스 켈수스(Cornelius Celsus) 같은 무분별한 작가들은 만약 몸속에 피가 너무 많아 병이 생긴다면 피를 뽑아내는 것이 건강에 좋을 것이라고 생각했다. 또한 고통스러운 물집이 생기게 한다거나 토하게 한다거나 똥을 눈다거나 하여 다른 체액도 줄일 수 있다고 생각했다.

그러나 유럽 의사들은 이 끔찍한 치료법을 수백 년 이상 계속 사용했다. 그들이야 그러건 말건 내버려 두고, 나머지 세계에서는 어떤 일이 일어났는지 살펴보자.

세계 각지의 옛날 의학

세계 각지에서 으스스한 의사들은 불쌍한 환자들을 치료하기 위해 나름의 방법을 개발했다. 자, 여러분 같으면 어느 지역에서 병에 걸리고 싶은가?

1. 북아메리카
몸을 깨끗이 하기 위한 찬송가와 한증막. 사용한 약으로는 약초, 들소의 위석, 말린 손가락 등이 있었다.

2. 남아메리카
약초와 증기탕을 기본으로 한 마야와 아스텍의 전통 의술.

3. 인도
인도의 위대한 의사 차라카는 기원전 1000년경에 의학 서적을 썼다. 인도의 의사들은 약초 요법과 끔찍한 수술법을 배웠다.

4. 중국
전통 한의학은 기원전 2600년경에 고대 중국의 임금인 황제

(黃帝)가 창시했다. 한의학은 약초와 침술(43쪽 참고)을 주로 사용해 병을 치료한다.

5. 중동

7세기에 이 지역을 정복한 아랍인은 갈레노스와 히포크라테스의 저술을 보존하는 데 기여했다. 그러면서 갈레노스와 히포크라테스가 실수한 것까지도 그대로 보존하긴 했지만, 어차피 세상에 완벽한 사람은 없지 않은가? 대부분의 도시에 병원이 있었고, 대학에서는 의학을 가르쳤다.

〈의학이 으악으악〉에서 제공하는

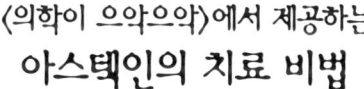
아스텍인의 치료 비법

열이 펄펄 끓는다고요? 문제없어요!

열이 심하게 난다면, 증기탕 속에서 긴장을 풀어 보세요. 그러면 몸이 한결 나아질 거예요. 아, 물론 땀은 삐질삐질 많이 나겠지만요.

피부에 상처가 났다고요?

그렇다면 유리처럼 생긴 돌인 흑요암을 갈아 상처 위에 뿌리세요. 몹시 쓰라린 치료법처럼 보일지 모르지만, 상처를 빨리 낫게 해 준답니다!

귀앓이에는 새로운 고무 마개를!

귀앓이 때문에 사는 게 힘들다면, 귓구멍 속에 액체 고무를 부어 넣으세요! 듣기 싫은 소리가 싹 사라질 겁니다!

감기 때문에 콧물이 질질 흐른다고요?
들에서 이슬을 모아 각각의 콧구멍에 한 방울씩 넣으세요. 금발 화사한 들꽃처럼 신선한 느낌이 들 거예요.

콧물이 좀 맑아졌네!

아스텍에서 병이 난 사람을 위한 주의 사항!
조심하라! 잘못했다간 신들에게 제물로 바쳐질지도 모른다! 잔인한 사제들은 여러분의 심장을 꺼내고, 살을 먹어치울 것이다. 한 가지 위안이 되는 소식은 여러분은 메스꺼움을 느끼지 못하리라는 것!(아, 물론 여러분을 먹는 사람은 그걸 느낄지 모르겠지만, 그건 그 사람들의 문제다.)

경이로운 동양 의학

고대 중국과 인도의 의사들은 각자 독자적인 치료법을 개발했다. 그렇지만 중국 의사들과 인도 의사들은 서로 만난 적이 전혀 없었다. 그러니 이 자리에 둘을 함께 불러 보는 것도 좋겠지?

> 신체는 음식물을 생명 에너지로 바꾼다.

> 신체의 생명력을 기(氣)라고 해.

> 몸속에는 공기, 담즙, 점액이 돌아다닌다. 이것들은 건강에 필요한 것이지만, 너무 많으면 병이 생긴다. 마귀도 병을 일으킬 수 있다.

> 침술은 지금도 한의학에서 널리 사용되고 있지. 서양 의사들도 침술이 뇌에서 진통 물질을 분비시켜 통증을 완화시키는 효과가 있다고 생각해.
>
> 물론 그러려면 머릿속에 뇌가 들어 있어야 하지!

침술은 기원전 1000년 이전에 발명되었다. 처음에 그 생각을 한 사람이 누군지는 알 수 없지만, 침술은 정말 마술 같은 치료법이다. 전설적인 중국의 명의가 한 사람 있는데, 아주 극적인 삶을 살다 간 그의 생애를 중국의 전통 연극으로 재현해 보자.

명의 화타(110~270)

음악: 모든 대사는 중국의 전통 악기 소리에 맞추어 노래로 부른다.
(뭐 원한다면 새벽 4시에 공연을 해도 좋지만, 그랬다가 화타와 비슷한 최후를 맞이하더라도 날 원망하진 말도록!)

제1막

장소: 어느 마을
젊은 화타가 들어선다.

화타: 죽기는 쉽고, 살기는 어렵구나! 아버지가 돌아가신 후 어머니는 오로지 나만 기대하며 살고 있어. 형은 황제를 위한 노역에 끌려가고….

어머니: 화타야! 몸이 몹시 아프구나.
 어떻게 좀 안 되겠니?

화타: 네, 어머니. 해 볼게요. 제가 의술을 조금
 알거든요….

어머니: 으악! (캑 하고 죽는다.)

화타: 아, 아직 내 의술은 부족하기 짝이 없구나. 기필코 열심히
 노력하여 사람들의 목숨을 구하는 훌륭한 의사가 되어야지.

해설자: 화타는 자신의 약속을 지켰습니다. 그는 중국 각지를
 돌아다니면서 유명한 의사 밑에서 수련을 받았습니다.
 그리고 6년 후에 화타는 명의가 되었습니다. 이제 그의
 앞길은 환해 보였지요.
 그러나 과연 그럴까요?

〈제1막 끝〉

제2막

장소: 궁전
태수와 그의 아들 그리고 시종들이 들어온다.

태수: 어디 보자. 화타가 내 병을 치료하기
 위해 쓴 처방을 볼까…. (종이를 펼쳐
 읽는다.)
 "태수는 코만 큰 얼간이다!" 뭐라고!
 이 건방진 의사 놈을 당장 쳐 죽이고
 말 테다! 우욱! 피를 토했잖아!

아들: (무릎을 꿇으며) 진정하세요, 아버님.
 화타는 아버님의 병을 고치려면 화가 나게 해야 한다고
 말했어요. 이건 다 치료를 위한 것입니다.

태수: (소매로 입을 닦으며) 음, 거 참 희한하군. 벌써 다 나은 것
 같구나. 화타는 정말 명의로다!

해설자 : 이제 화타의 명성은 온 나라에 퍼졌습니다. 그는 중국에서
처음으로 맹장수술을 한 의사이기도 합니다. 그는 당시의
다른 의사들하고는 차원이 달랐지요.

〈제2막 끝〉

제3막

장소 : 또 다른 궁전
승상 조조와 호위병들과 화타가 들어온다.

조조 : 화타여, 내 시의가 되어 날 돌보도록 하라! 오직 그대만이
이 끔찍한 두통을 치료해 줄 수 있으리라.

화타 : 말씀은 고맙지만, 저는 승상 한 사람의 시의보다는 만백성을
돌보는 의사가 되고자 합니다. 그럼, 이만 물러가겠습니다.
(화타 퇴장)

조조 : 건방진 놈! 내 시의가 되지 않겠다면, 어느 누구의 의사도
되지 못하게 하겠다. 여봐라! 저 건방진 의사 놈을 죽여라!

호위병들 : 네! (호위병들 퇴장)

무대 밖 : 가느다랗게 들려오는 신음 소리와 시체를 끌고 가는 소리.

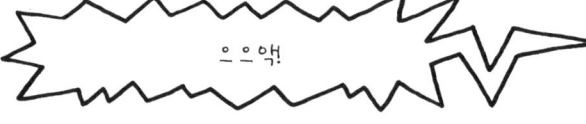

으으악!

해설자 : 이렇게 화타는 어이없게도 성질 나쁜 환자에게 죽고
말았습니다. 의학을 하려면 때로는 목숨을 걸어야 한다는
것을 증명해 주는 사례라 할 수 있지요!

〈막이 내려온다〉

정말로 그렇다! 다음 장에서는 불쌍한 의사들에게 어떤 끔찍한 일이 닥칠 수 있는지 보게 될 것이다.

의사로 살아간다는 건 정말 위험하다. 그래도 여러분은 이 위험한 직업을 갖고 싶은가?

의사가 되는 방법(죽지 않고서!)

여러분은 의사가 되고 싶은가? 참 안된 이야기지만, 그러려면 우선 들어가기 아주 어려운 학교(의과 대학)에 들어가서 죽어라 공부해야 한다. 그 진상을 살펴보자.

으스스한 의학에 관한 진상 조사 X-파일

이름: 고생길이 훤한 의과 대학

기초 사실: 1. 의사를 양성하는 학교가 의과 대학이다. 여기가 아니라면 달리 어느 곳에서 수련을 받겠는가?

2. 역사상 가장 유명한 의과 대학 몇 곳을 꼽아 보면 다음과 같다.
이탈리아의 살레르노 대학(11세기)
이탈리아의 볼로냐 대학과 파리 대학(중세 이후)
네덜란드의 레이덴 대학(17세기부터)
에든버러 대학(18세기부터)

3. 오늘날에는 많은 의과 대학이 자체 병원을 운영하고 있다. 그래서 의과 대학생들은 진짜 병에 걸린 실제 환자들을 상대로 생생한 의학을 배울 수 있다.

오호! 죽을병이군요. 좋아요!

으스스한 사실: 1. 18세기까지만 해도 의과 대학에서 가르치는 내용 중에는 틀린 것이 많았다. 가르치는 내용이 여전히 갈레노스와 히포크라테스의 이론을 바탕으로 한 것이었기 때문이다.

2. 그렇지만 가르치는 내용에 의심을 품으면 학교에서 쫓겨났다. 혹시 여러분이 다니는 학교도 그렇지 않은가?

그러나 그러한 전통에 반기를 든 의사가 한 명 있었다!

으스스한 의사에 관한 진상 조사 X-파일

이름: 파라켈수스(Paracelsus, 1493~1541). 음, 사실 이것은 스스로 지은 별명이다. 본명은 뭐냐고? 필리푸스 아우레올루스 테오프라스투스 봄바스투스 폰 호헨하임이다. 그러게 왜 물어 봤어?

국적: 스위스

주요 업적: 파라켈수스는 '켈수스를 뛰어넘는' 이란 뜻이다 (켈수스는 로마 시대의 유명한 의사였다). 이름에서 알 수 있듯이 자만심이 넘쳤던 파라켈수스는 갈레노스의 엉터리 이론에 처음으로 이의를 제기하고 나섰다. 그는 사람은 오로지 경험을 통해서만 배울 수 있다고 말했으며, 선생님이 되자 갈레노스와 이븐 시나(54쪽 참고)의 책들을 모조리 불태웠다. 새로 학기를 시작하는 날에 선생님이 교실에 들어와 교과서를 모조리 불태운다고 생각해 보라!
파라켈수스는 독자적인 의학 이론을 세웠다. 예컨대 증기 상태의 금속을 들이마시는 경우처럼 중독이 질병을 일으킬 수 있다는 사실을 처음으로 알아냈다. 또 최초로 화학 물질을 약으로 사용할 생각을 한 사람이기도 하다.

으스스한 사실: 불행하게도 그가 가장 좋아한 약은 독성이

강한 수은이었다. 용케도 독이 사람을 아프게 한다는 사실을 발견하긴 했지만, 더 강한 독으로 그것을 치료하려고 했던 셈이다!

역겨운 치료법: 1534년에 오스트리아의 슈테르칭에서 파라켈수스는 페스트 환자에게 빵 위에 환자 자신의 똥을 얹어 먹게 함으로써 병을 치료하려고 했다. 누구, 출출한 사람 없어?

듣기 싫어하는 말: 다른 의사들의 말. 파라켈수스는 늘 다른 의사들을 엉터리 치료법을 사용한다며 조롱했다. 그래서 살던 도시에서 가끔 다른 의사들에게 쫓겨나곤 한 것은 별로 이상한 일이 아니다. 파라켈수스는 갑자기 죽었는데, 그를 미워한 사람들에게 흠씬 두들겨 맞아 죽었다는 말이 있다. 그렇지만 그냥 지어낸 소문일지도 모른다.

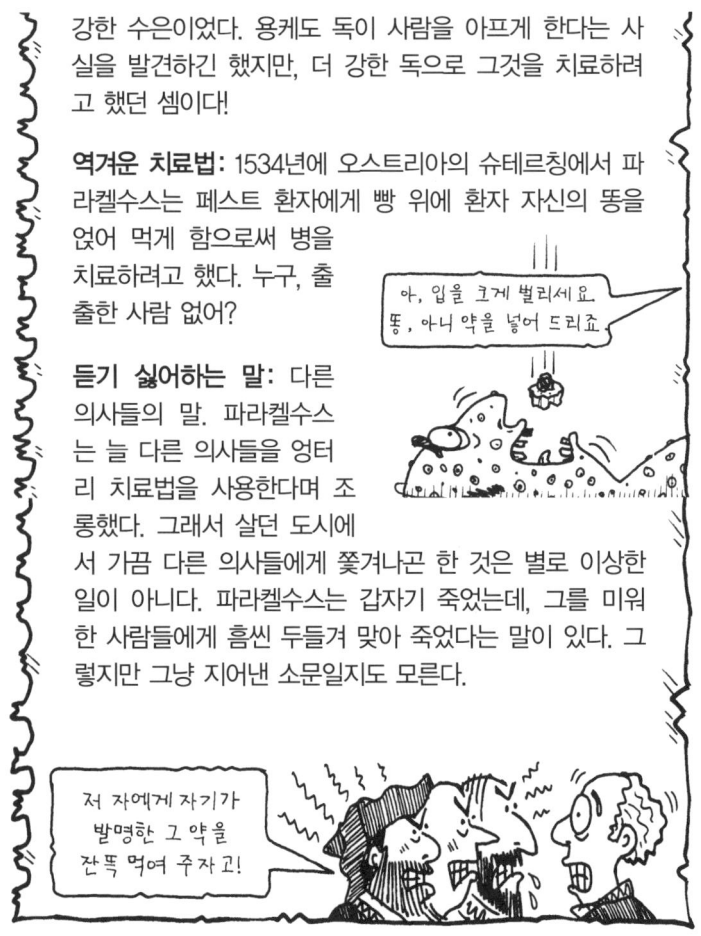

으스스한 법

모든 나라는 의사들이 지켜야 할 법을 정했다. 고대 바빌로니아(오늘날의 이라크 지역)에는 다음과 같은 법이 있었다.

> **함무라비 왕(기원전 1792~기원전 1750)이 정한 법**
>
> 1. 사람의 목숨을 구해 준 의사에게는 은으로 보상한다. 보상 액수는 환자가 얼마나 중요한 사람인가에 따라 다르다. 노예의 목숨을 살리고서 큰 대가를 기대해서는 안 된다.
> 2. 수술을 망쳐 귀족의 눈을 잃게 한 의사는 손목을 잘라야 한다.

자, 이런데도 여러분은 의사로서 수술을 하고 싶은 생각이 드는가? 당시 의사들은 자신의 손을 제자리에 붙어 있게 하기 위해 수술을 잘하려고 피나는 노력을 쏟아 부어야 했다.

오늘날 많은 의과 대학에서는 새로 의사가 되려는 사람들이 히포크라테스가 정한 규칙을 준수하겠다고 선서를 한다. 이것을 '히포크라테스 선서'라 부른다. 내멋대로 박사도 고대 그리스 시대에 이 선서를 했을까?

히포크라테스 선서에 관한 알쏭달쏭 퀴즈

다음에 열 가지 선서 내용이 있다. 그중 네 가지는 히포크라테스 선서에 포함된 적이 전혀 없으며, 여섯 가지는 그 후에 시간이 흐르면서 변해 온 히포크라테스 선서 중 어느 하나에 포함되었던 것들이다. 히포크라테스 선서에 포함된 여섯 가지는 어떤 것일까?

> 1. 나는 스승을 내 부모처럼 존경하겠노라.
> 2. 나는 스승이 틀렸으면 두려워하지 않고 그것을 지적하겠노라.
> 3. 나는 아무런 보수도 받지 않고 스승의 아들을 가르치겠노라.
> 4. 나는 귀여운 동물에게 잔인한 실험을 하지 않겠노라.
> 5. 나는 환자를 해롭게 하지 않겠노라.
> 6. 나는 나쁜 조언이나 위험한 약을 주지 않겠노라.
> 7. 나는 항상 머리를 단정하게 하고, 구두에 반짝반짝 광을 내겠노라.
> 8. 나는 썰렁한 농담을 하지 않겠노라.
> 9. 나는 환자의 비밀을 누구에게도 말하지 않겠노라.
> 10. 나는 수술을 하지 않겠노라.

답: 히포크라테스 선서에 포함된 내용은 1, 3, 5, 6, 9번이다. 대부분 수술을 하지 의사이기는 하지만 수술을 할 줄 아는 의사이다. 대부분이 가 수술기나 사람들 때 일단 꿰매었었다. 2, 4, 7, 8번은 선서에 없는 내용이다.

모든 의사가 선서를 곧이곧대로 지키며 산 것은 아니지만, 많은 의사들이 그러려고 노력했고, 진심으로 환자를 치료하려고 애썼다. 당시의 의학 이론이 잘못된 것은 그들의 잘못이 아니었다. 그리고 믿어지지 않을지 모르겠지만, 일부 의사는 아주 친절하고 환자를 끔찍이 위해 주었다.

그렇게 으스스하지 않은
의사에 관한 진상 조사 X-파일

이름: 존 렛섬(John Lettsom, 1744~1815)

국적: 영국(출생지는 서인도 제도)

주요 업적: 아주 인도적인 의사

친절한 의사: 렛섬은 23세 때 서인도 제도에 있는 땅을 물려받았다. 그래서 큰 부자가 될 수 있었지만, 그 땅에서는 노예들이 일을 하고 있었다. 렛섬은 노예 제도에 반대했기 때문에 노예들에게 자유를 주고 그 땅까지 나누어 주었다. 대신에 그는 런던에서 의사가 되었고, 가난한 사람들을 위해 무료로 진료를 해 주었다.

그다지 으스스하지 않은 치료법: 렛섬은 신선한 공기와 햇빛과 청결이 건강을 가져다준다고 믿었다. 그 생각은 옳았다!

듣기 싫어하는 말: 자신이 가진 모든 돈을 좋은 일을 위해 기부한 뒤, 돈이 모자라 허덕였다. 그래서 살던 집과 책까지 팔아야 했다.

그러나 다른 의사들은 존 렛섬보다 훨씬 험한 운명을 겪었다. 왜 그랬느냐고? 계속 읽어 보라.

아슬아슬한 의사의 삶

아무리 헌신적인 의사라도 위험한 정치 세계에 휘말려 들면 목숨이 위험할 수 있었다. 권력을 가진 사람의 눈 밖에 났다가 곤욕을 치른 두 의사를 소개한다.

명예의 전당 : 아부 알리 알 후세인 이븐 압달라 이븐 시나(980~1037, 유럽에서는 아비세나라는 이름으로 널리 알려짐)

국적 : 오늘날의 우즈베키스탄 지역에서 태어남

이븐 시나는 어릴 때부터 머리가 아주 비상하여 재미로 책을 줄줄 외웠다. 십대 때 의학을 공부하기 시작했는데, "전혀 어렵지 않다."고 말했다. 이븐 시나가 지방 군주의 병을 낫게 했을 때, 상으로 무엇을 받았을까? 그것은 황금도 사탕 봉지도 아니었다. 대신에 궁전 도서관에 있는 책을 마음대로 읽을 수 있었다. 그 시대에는 〈앗! 시리즈〉도 없었을 텐데, 참 괴상한 취미도 다 있지!

사다리가 있어야겠는걸요.

이븐 시나는 거의 모든 방면에 통달한 천재였기 때문에 천문학, 수학, 음악, 종교, 철학을 가르치고 책을 쓰길 좋아했다. 그가 남긴 가장 유명한 연구는 《의학정전》이란 아주 두꺼운 책이다. 책이 얼마나 두껍고 큰지 비석으로 사용할 수 있을 정도였다! 그 책에는 질병과 치료법에 관한 거의 모든 것이 실려 있었다. 내멋대로 박사도 당연히 이 책을 처음부터 끝까지 읽었다.

그 후 500년 동안 의사들은 이븐 시나가 쓴 책을 읽었다. 엥? 아니다! 그 책을 읽는 데 그렇게 오랜 시간이 걸렸다는 뜻이 아니다.

이븐 시나는 이곳저곳 돌아다니면서 가르치다가 결국 하마단에 정착했다. 이븐 시나에게 치료를 받은 군주가 그를 대신으로 임명하자, 군인들은 이븐 시나에게 불만을 품었다. 그래서 이븐 시나를 대신 자리에서 쫓아내고 감옥에 집어넣었다. 그걸로 이븐 시나의 운명은 끝났을까?

아니다. 하늘이 도왔는지 바로 그때 군주가 중병에 걸렸다. 이븐 시나가 이번에도 군주를 치료하자, 군주는 그를 다시 대신 자리에 앉혔다. 군주가 죽은 뒤, 열정적인 이븐 시나는 또다시 여행에 나섰다. 그러나 너무 열심히 살아가는 생활 습관 때문에 몸이 약해졌다. 친구들이 좀 쉬엄쉬엄 살아가라고 충고하자, 그는 이렇게 말했다.

마침내 이븐 시나는 병으로 드러누웠는데, 그제야 세상에서 자신이 치료할 수 없는 유일한 환자가 바로 자신이라는 사실을 알았다.

이번에는 큰 위험에 처했던 또 다른 의사 이야기를 살펴보자. 지금 그는 꽁지가 빠져라 달아나는 중이다.

탈옥한 죄수에 관한 보고서

1553년 4월 7일 종교 재판소

이름: 미카엘 세르베투스(Michael Servetus)

사건 개요: 세르베투스는 그의 허황된 믿음 때문에 막 화형을 당하기 직전에 감옥에서 탈출했다. 정말 귀찮은 친구다!

주로 하는 일: 세르베투스의 직업은 의사다. 세르베투스는 프랑스에서 공부하면서 피가 심장에서 폐로 갔다가 다시 심장으로 돌아온다는 사실을 알아냈다. 크르르! 그게 뭐 어쨌다고? 잡히기만 해 봐라. 피가 제대로 흐르도록, 즉 몸 밖으로 흘러나오도록 해 줄 테니까!

현재 있는 곳: 세르베투스는 가톨릭교회의 큰 적 중 하나인 장 칼뱅이 머물고 있는 스위스의 제네바로 가고 있는 것 같다.

세르베투스의 죄목은 기독교에 대해 교회의 전통적 견해와는 다른 생각을 주장했다는 것이었다. 장 칼뱅(Jean Calvin)이라는 개신교 지도자는 세르베투스를 불태우려는 사람들(가톨릭교회)을 미워했다. 그렇다면 칼뱅은 필사적으로 탈출한 의사를 따뜻하게 환영해 주었을까? 당연히 그랬을 거라고? 과연 그랬을까?

칼뱅은 세르베투스의 생각도 미워했다. 세르베투스가 제네바로 가기로 한 것은 아주 잘못된 결정이었다. 잔인한 칼뱅은 세르베투스를 체포하여 빛도 난방 시설도 변기도 없는 감방 속에 가두어 버렸다. 그리고 1553년 10월 27일, 불쌍한 세르베투스는 나무 기둥에 묶여 산 채로 불태워졌다.

선생님을 골려 주는 질문

선생님을 나무 기둥에 묶어 놓고, 아주 어려운 질문을 던지면 어떨까? 상상만 해도 즐겁지?

힌트를 주겠다. 그 사람은 세르베투스가 아니다! 세르베투스는 피가 심장과 폐 사이에서 왔다 갔다 한다는 사실만 발견했을 뿐이다. 학교 다닐 때 수업 시간에 꾸벅꾸벅 졸지 않은 선생님이라면, 영국의 윌리엄 하비가 정답이라는 것 정도는 알아야 마땅하다! 그러나 정답을 맞히더라도 그냥 풀어 주진 말도록. 의사이자 신인 임호텝이 그보다 약 4500년 전에 피가 온몸을 돌아다닌다는 사실을 알아냈을 가능성이 있으니까.

의사가 될 수 있는 자격

여러분이 의과 대학에서 수련 과정을 거치고, 히포크라테스 선서도 외웠다면 이제 여러분은 의사 자격이 충분히 있다.

그런데 1850년대 이전에는 전문적인 의사 수련 과정을 거치지 않더라도 의사가 될 수 있었다. 대개는 자신들이 먹고 살아가는 데 지장이 없는 한(그렇지만 환자들이 살아남는 데에는 지장이 있을 텐데…) 따분한 의사 자격에 대해 크게 신경 쓰지 않았다.

오늘날에는 법이 훨씬 엄격해져서 정식 수련 과정을 거치지 않은 사람이 의사가 되는 일은 아주 드물다. 그렇지만 가끔 그런 일이 일어난다.

> 영국 의사들은 1858년에 법으로 정해지기 전까지는 적절한 자격을 갖추지 않더라도 의사가 될 수 있었지. 1858년에 의사 자격증을 가지고 있던 사람은 전체 의사 중 겨우 3분의 1에 불과했어. 정말 수치스러운 일이지!

게으른 사람들 같으니라고!

캐나다 매일 신문
― 1951년 6월 ―

영웅적인 의사!

캐나다 해군 영웅인 조지프 시르 박사에 관한 이야기로 전국이 시끄럽다! 시르 박사는 한국전쟁 때 북한 해안 지역을 공격하는 작전에서 부상당한 세 병사의 목숨을 살렸다. 함장인 제임스 플로버는 이렇게 말했다. "조지프 시르는 두려움을 모르는 의사입니다. 게다가 내 충치도 뽑아 주었어요. 그렇지만 베개 밑에 넣어 둔 내 이를 이의 요정이 아직 가져가지 않았어요."

그러나 언제까지나 진실을 덮을 수는 없는 법!

캐나다 의학 전문 신문
― 1951년 10월 ―

가짜 의사 신분이 탄로 나다!

한국전의 영웅 조지프 시르 박사는 가짜였다! 진짜 시르 박사의 어머니가 신문에 실린 아들의 사진을 보고서 제보를 하는 바람에 조지프 시르의 사기 행각이 드러났다! 그리고 오늘 우리 신문은 이 사기꾼의 정체가 프레드 왈도 데메라라는 수도사(修道士)라는 사실을 알아냈다. 데메라는 평생 동안 의과 대학에는 근처에도 가 본 적이 없었다! 데메라는 이렇게 세상을 속이며 살아왔다.

프레드 왈도 데메라

긴급 속보!

사기꾼 데메라는 정식 수도사도 아닌 것으로 드러났다. 그는 정식 자격증이 없으면서도 수도사, 교사, 교도관 등으로 위장 취업해 왔다. 그에게 어울리는 유일한 곳은 감옥뿐인 것 같다.

음, 교도관으로 일한 것은 교사가 되는 훈련 과정으로 아주 좋았을 것 같긴 하다.

그런데 어떤 사람들은 의사가 될 기회를 얻기 위해 어쩔 수 없이 자신의 신분을 숨기지 않으면 안 되었다. 그들은 어떤 사람들이었을까? 어서 다음으로 넘어가 보라.

고생고생한 여성 의사들

그렇다! 그 사람들은 바로 여성이다. 옛날에는 여성이 의사가 될 기회가 아예 막혀 있었다.

히포크라테스도 여성을 조산원(출산을 돕는 사람)으로 훈련시키긴 했지만, 의사로 키울 생각은 하지 않았다.

여성이 의학을 할 수 있는 네 가지 방법

1. 조산원이 될 수 있었다. 오늘날과 마찬가지로 히포크라테스가 살던 시대에도 조산원은 대부분 여성이 맡았다.

2. 송 왕조(10세기~13세기) 시대의 중국에서는 여성도 의사가 될 수 있었다. 부잣집 여성들은 여성 의사에게 진료를 받았다.

3. 11세기에는 살레르노 의과 대학에 입학할 수 있었다. 이 대학에는 트로툴라(Trotula)라는 여성 교수도 있었다.

4. 간호사가 될 수 있었다. 간호사는 환자를 간호하고, 의사를 돕는다. 독일 간호사 힐데가르트 폰 빙겐(Hildegard von

Bingen, 1098~1179)은 약초 요법에 관한 책도 썼다.

그러나 이런 방법 외에 여성이 의사가 될 수 있는 길은 거의 없었다. 정식으로 의사 수련 과정을 거친 여성은 탭댄스를 추는 낙타만큼이나 희귀했다. 그래서 일부 용감한 여성은 의사가 되기 위해 남장을 하는 것도 마다하지 않았다!

그러니 이들의 용기와 열정에 박수를 보내기 바란다.

용감한 여성 의사들

고대 그리스 시대에 아테네의 아그노디케(Agnodike, 기원전 3세기)는 의학을 공부하기 위해 남자로 변장했다. 그러나 아그노디케를 시기한 남자 의사들 때문에 여성이라는 것이 드러나 재판을 받게 되었다. 신분을 속이고 의사 행세를 한 행위에 대한 벌은 사형이었다! 그것은 시시비비가 명백한 사건이었다.

그런데 놀라운 일이 일어났다. 아그노디케에게 치료를 받은 여성 환자들이 재판정에 온 것이다. 여성들은 여성 의사에게 진료를 받고 싶다고 강하게 주장하고 나섰다.

결국 재판관은 아그노디케를 석방했고 또 여성도 의학을 배울 수 있게 했다.

전해 오는 이야기는 그렇지만, 내멋대로 박사는 이 이야기를 믿으려고 하지 않는다.

하여간 전문가들은 뭐든지 의심하지 않고 그냥 넘어가는 법이 없다! 그러나 설사 그들의 주장대로 아그노디케 이야기가 순전히 전설에 불과하다 하더라도, 실제로 남자로 행세하며 의사로 일한 여성이 한 명 있다. 그녀의 이름은 제임스 배리 (James Barry, 1795~1865). 음, 어쨌든 그녀는 이게 자기 이름이라고 말했다. 그러면 진실을 파헤쳐 보자.

이것은 사실이다! 영국 최고의 군의관은 여성이었다. 진짜 이름은 미란다 배리였다. 용감한 배리는 친구들의 도움을 받아 남자로 변장해 의학을 공부했다. 그리고 평생 동안 바지를 입고 살았다.

그러나 무식한 남성처럼 행동하고, 냄새 고약한 남성 화장실을 사용하고, 공공 장소에서 함부로 트림을 하며 살아가지 않고도 여성이 의사가 될 수 있는 길은 없을까? 물론 지금은 그것이 가능하다. 그렇게 되기까지는 한 여성의 용감한 투쟁이 있었다. 전직 교사 출신인 그 미국 여성의 이름은 엘리자베스 블랙웰(Elizabeth Blackwell, 1821~1910)이다.

엘리자베스 블랙웰은 가장 절친한 친구가 병으로 죽자 의사가 되기로 결심했다. 친구는 여성 의사에게 진료를 받길 원했으나, 당시에 여성 의사는 아무도 없었다. 엘리자베스는 의과 대학에 응시했지만, 여성이라는 이유로 퇴짜를 맞았다. 10여 군데의 대학 문을 다 두들겨 보았으나, 모두 퇴짜를 맞았다. 그러다가 천신만고 끝에 마침내 1847년 미국의 제네바 의과 대학에 입학할 수 있었다. 이 학교에 들어가는 데에도 학생들의 투표를 거친 뒤에야 간신히 입학을 허락받았는데, 학생들은 농담으로 여기고 찬성표를 던졌다고 한다!

처음에 그곳 사람들은 (심지어 일부 의사들도) 여성이 의사가 된다는 사실에 너무나도 놀라 엘리자베스와 말도 하지 않으려 했다. 그러나 엘리자베스는 굳은 의지로 공부를 계속해 1848년에 무사히 졸업을 하고, 미국 최초의 여성 의사가 되었다. 엘리자베스는 자기 반에서 수석으로 졸업했다.

시대에 뒤떨어진 고리타분한 남성 의사들이 여성 의사를 받아들이기까지는 시간이 많이 걸렸다. 한 영국 병원에서는 남학생들이 엘리자베스 개릿 앤더슨(Elizabeth Garret Anderson, 1836~1917)이 의학 수업에 들어오는 것에 반대했는데, 자신들이 대답하지 못하는 교수의 질문에 앤더슨이 잘 대답했기 때문이었다. 영국에서는 1876년까지 여성이 의사가 될 수 없었다.

* 내멋대로 박사의 고리타분한 생각에 대해 독자 여러분에게 사과 드린다.

여러분을 진료하는 의사가 남성이든 여성이든 혹은 블러브 행성에서 온 외계인이든, 그것은 중요하지 않다. 정말로 중요한 것은 얼마나 진료를 잘하느냐 하는 것이다. 수백 년 전이라면 여러분은 의사를 찾아가는 걸 끔찍하게 여겼을 것이다. 그러니까 의사를 찾아가고 나서도 살아남아 그것을 끔찍하게 여길 만큼 운이 좋다면 말이다.

끔찍한 치료법

지금이 300년 전인데 여러분의 몸이 좋지 않다고 하자. 그렇다면 의사를 찾아가야 하겠지? 오, 그렇다면 다시 한번 생각해 보라. 그것은 여러분에게 악몽의 순간이 될 수도 있다.

기괴망측한 진단

의사는 먼저 여러분에게 어디가 아픈지 이것저것 물을 것이다. 그야 당연히 그러겠지! 여러분은 여기까지는 뭐 별 이상한 것 없잖아, 하고 생각할 수 있다. 글쎄, 과연 그럴까?

의사는 증상을 물어 보고 맥을 짚어 보겠지만, 신체를 검사하지는 않는다. 대신에 여러분의 오줌(조금 고상한 말로는 소변)에 큰 관심을 보인다.

내멋대로 박사가 이것을 보면 뭐라고 할까? 쓸데없는 짓이라고 하지 않을까?

> 뭐 반드시 그렇진 않아!
> 오줌 색깔을 보면
> 흑수열 (말라리아의 일종.
> 검은 피오줌이 나옴) 같은 병을
> 진단할 수 있거든.
> 또 오줌에서 악취가 나면
> 감염되었을 가능성이 높고,
> 단맛이 나면 당뇨병에 걸렸을
> 가능성이 높아. 물론 지금은
> 오줌 속의 병균을 배양해
> 현미경으로 관찰하지.
> 이게 훨씬 위생적이거든!

이제 왜 옛날 의사들이 환자의 오줌 냄새를 맡고, 심지어 맛까지 보았는지 알겠지? 그런데 어떤 의사들은 오줌 냄새를 맡고 맛을 보는 일을 환자에게 시키기도 했다.

뭐라고? 평소에 소변 검사를 해 보는 게 소원이었다고? 잘됐군! 그렇다면 다음 실험은 여러분 마음에 딱 들 것이다.

직접 해 보는 실험 : 소변 검사

준비물 :

유리컵 3개(각각 A, B, C라고 라벨을 붙인다)

사과 주스(좀 흐릿한 색깔인 게 좋다)

설탕

계량 컵

찻숟가락

이해심이 많은 친구

빨간색 식용 색소

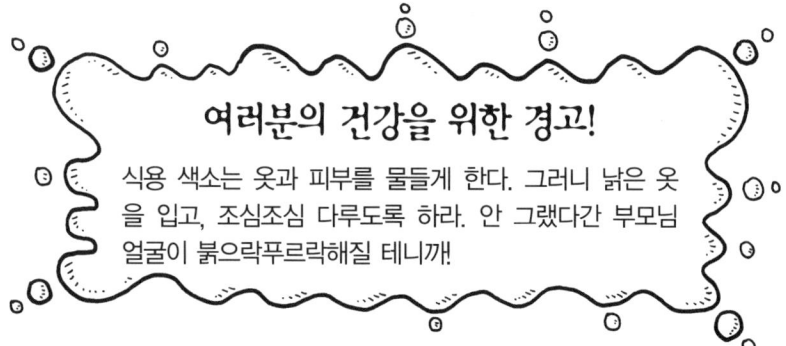

실험 방법:

1. 각각의 유리컵에 사과 주스를 50ml씩 따라 붓는다.

2. 각각의 유리컵에 따뜻한 물을 200ml씩 첨가한다.

3. 유리컵 A에 빨간색 식용 색소를 두세 방울 떨어뜨린다. 누가 묻거든 피라고 말하라.

4. 유리컵 B에 설탕 두 찻숟가락을 넣고 잘 젓는다.

5. 친구들을 불러 와 이 중에서 어느 것이 건강한 오줌인지 알아맞혀 보라고 한다.

실험 결과:

아마 친구들은 별 어려움 없이 C에 담긴 것이 건강한 오줌이라고 알아맞힐 것이다. 그런데 친구들은 진짜 오줌을 가지고 처음부터 이 실험을 다시 할 수 있을 만큼 비위가 좋을까?

자, 그럼 다시 옛날 의사의 진료실로 돌아가 보자. 의사는 오줌을 검사하여 여러분의 몸이 어디가 안 좋은지 진단했다. 이것은 좋은 소식이다! 물론 나쁜 소식도 있다. 옛날 의사는 케케묵은 체액설을 믿었고, 체액들의 균형이 깨져 병이 생긴다고 생각했다(35쪽 참고). 진짜로 나쁜 소식은 그래서 여러분의 몸에서 피를 뽑아 내기로 결정했다는 것!

사혈에 관한 오싹한 사실 여섯 가지

1. 사혈(瀉血)은 옛날에 많이 쓰였던 치료법이다. 1세기에 게르만족 전사들은 몸이 아프면 아내와 엄마에게 자신의 피를 빨아먹게 했다!

2. 태평양에 있는 폰페이 섬 사람들은 상어 이빨을 사용해 환자의 '나쁜 피'를 뽑아 낸다. 환자와 상어 중 누가 더 불쌍할까?

3. 18세기에 유럽과 미국의 의사들은 심심하면 환자의 몸에서 피를 뽑았다. 이 잔인한 의사들은 때로는 한 사람에게서 900mL의 피를 뽑기도 했는데, 그것은 정말 위험천만한 일이었다. 오늘날에는 헌혈은 1회 320~400mL로 제한돼 있고, 일 년에 최대 5번까지만 할 수 있다.

4. 사혈에 사용된 가장 일반적인 방법은 칼로 정맥을 절개하는 것이지만, 때로는 거머리를 사용해 피를 빨게 하기도 했다 (74쪽 참고). 어떤 의사들은 뜨거운 컵으로 물집을 생기게 한 다음, 그것을 갈라 피를 뽑기도 했다.

5. 사혈은 상상할 수 있는 모든 질병뿐만 아니라 상상할 수 없는 많은 질병에도 사용되었다. 1764년, 한 하녀는 토스트를 잘못 삼키는 바람에 목에 걸리고 말았는데, 그때에도 의사는 피를 뽑아 치료하려고 했다.

6. 사혈의 치료 효과는 어땠을까? 그것은 달팽이를 위해 신발 가게를 여는 것과 비슷했다. 그렇지만 일부 환자에게는 도움이 되기도 했다. 내멋대로 박사의 설명을 들어 보자.

자, 이제 여러분은 어떻게 하겠는가? 옛날 의사가 여러분의 피를 뽑도록 가만 내버려 두겠는가? 만약 여러분이 사혈을 하고 싶다면, 그 일을 도와 줄 작은 조수, 거머리 히루 군을 소개한다.

거머리 히루의 이야기

안녕!
내 진짜 이름은 라틴어로 히루도 메디키날리스(Hirudo medicinalis)야. 난 피를 참 좋아해. 이건 엽기적인 취미가 아니야. 너희가 밥을 먹고 살아가듯이 난 피를 먹고 살아갈 뿐이야. 옛날 좋았던 시절에는 의사들이 날 포도주 잔에 넣어 두었다가 환자의 몸 위에다 올려놓곤 했지. 그럼 난 맛있는 피를 15분 정도 쭉쭉 빨아먹고는 단잠에 빠져들었지. 환자들은 죽는다고 고래고래 비명을 질러 대곤 했는데, 왜 그리 악을 썼는지 난 지금도 이해가 안 돼.
난 식성이 까다롭지 않아. 부자나 가난한 사람이나 다 똑같이 대해 주지. 물론 가난한 사람들은 병원이 아니라 가끔 연못 속으로 풍덩 뛰어들어 나에게 피를 빨리지. 뭐 그렇다고 해서 그 사람들한테 내가 따로 대가를 받는 것은 아니야. 병원에 가면 비싼 돈을 내야 하는데, 공짜로 피를 빨아 주니 내가 얼마나 따뜻한 심장을 가졌는지 알겠지? 그리고 난 인내심도 참 강해. 의사들은 나를 환자의 코 속에 집어넣어 꿈틀거리며 기어가게 함으로써 눈병을 치료했어. 심지어 나는 환자의 입속으로 기어들어가 썩은 이도 치료해 주었다니까! 그렇다고 내가 불평 한마디 하는 걸 들어 본 사람은 아무도 없어.

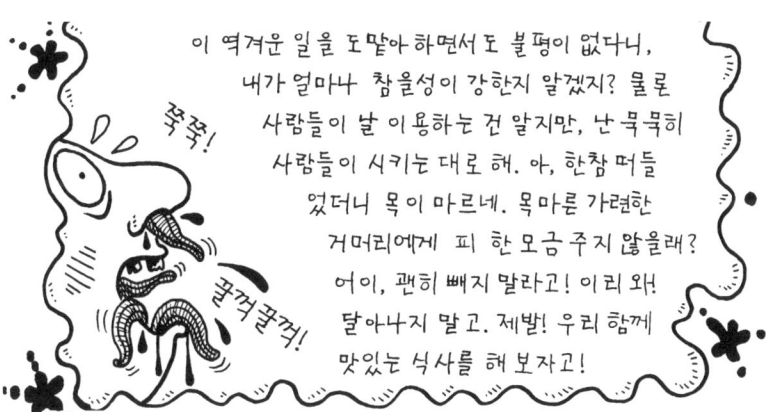

아, 이제 그만 진정하라! 거머리 히루를 도로 연못 속에 집어넣었으니, 비명은 그만 뚝! 피를 뽑는 게 마음에 들지 않는다고 해도 걱정할 것 없다. 의사가 사용할 수 있는 으스스한 치료법은 그 밖에도 많이 있으니까. 그런데 이것들은 모두 한 가지 공통점이 있으니······.

으스스한 옛날 치료법에 관한 퀴즈

옛날에는 다음 환자들에 대해 어떤 치료법을 사용했는지 알아맞혀 보라.

1. 익사하기 직전의 사람을 건져 냈다.
a) 도로 물속으로 집어넣고, 이번에는 헤엄을 쳐서 나오라고 한다.
b) 등 쪽에 풀무를 갖다 대고 담배 연기를

불어 준다.
c) 마음을 안정시키는 음악을 들려 준다.

2. 환자가 발진티푸스(이가 옮기는 병)에 걸렸다.
a) 환자의 발을 꿀과 새 모이로 덮어 놓고, 비둘기에게 환자의 발을 쪼게 한다. 그러면 곧 건강을 되찾을 것이다.
b) 비둘기에게 이를 잡아먹게 한다.
c) 환자를 커다란 오븐 속에 집어넣고, 몇 시간 동안 약한 열로 조리한다.

3. 환자가 황열병에 걸렸다.
a) 바나나와 커스터드를 먹인다.
b) 한 달 동안 굶긴다.
c) 환자 뒤쪽으로 살그머니 다가가 물 한 통을 끼얹는다.

4. 환자가 통풍(15쪽에 나왔던 그 끔찍한 병, 기억나는가?)에 걸렸다.
a) 극심한 고통을 주는 발가락을 잘라 버린다.
b) 녹인 캐러멜에 발가락을 담그게 한다.
c) 매일 소 오줌을 2~3잔 마시게 한다.

5. 환자가 페스트에 걸렸다.
a) 환자에게 쥐를 먹인다.
b) 말린 사람 고기에다가 맛있는 허브와 올리브유와 포도주를 곁들여 먹게 한다.

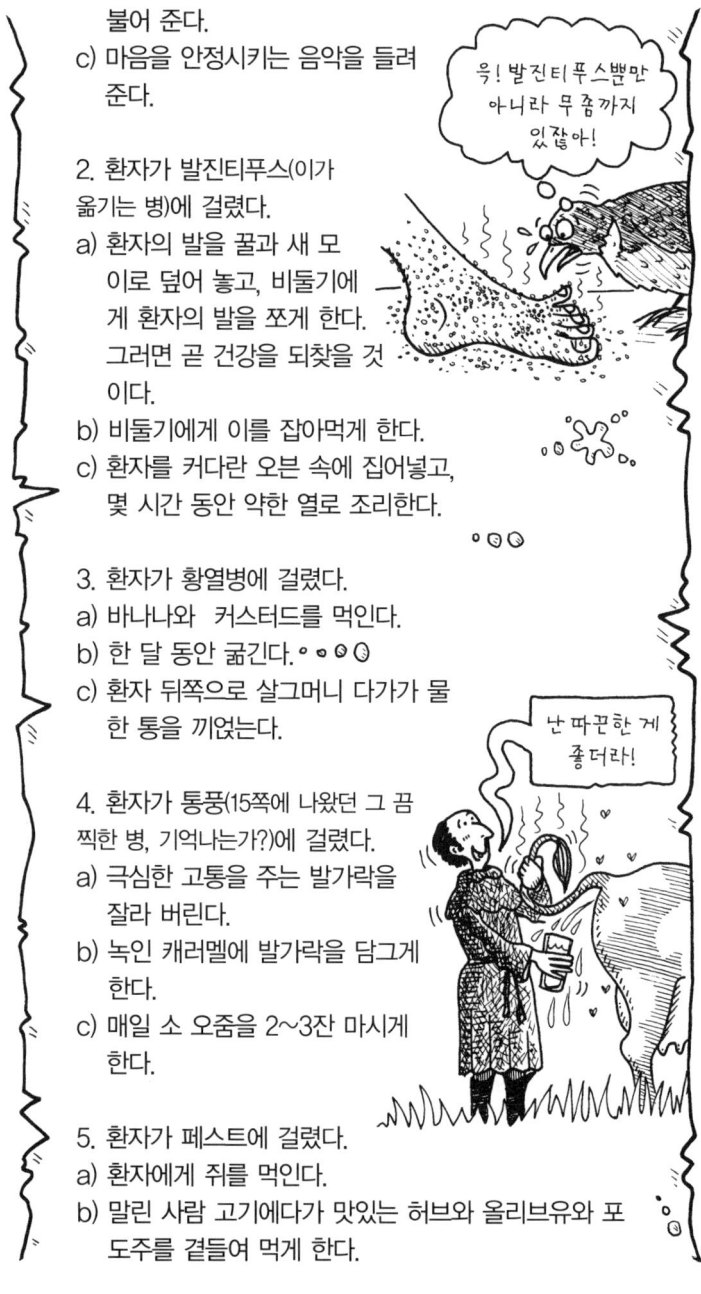

c) 말린 자두를 1999개 먹인다.

6. 환자가 칼에 찔렸다.
a) 환자에게 녹을 먹인다.
b) 이집트 미라와 지렁이, 돼지 뇌, 사형당한 사람의 두개골에서 긁어 낸 이끼를 섞고 가루로 만든 다음, 상처에 발라 준다.
c) b)와 똑같이 하되, 그 가루를 상처가 아니라 칼에 바른다.

혹은 d) 붕대를 감아 준다!

답:

1. b) 이것은 18세기에 사용되던 치료법이다. 물론 효과는 전혀 없었다. 게다가 당시 담배 연기는 악마들의 장난이라 해 물리쳐야 할 대상이었다.

2. a) 17세기에 사용되던 이 치료법 역시 효과는 전혀 없었다. 그렇지만 c)를 함께 병행하여 아주 약간의 새 이가 날 수도 있을 것이다.

3. c) 1790년대에 아이들에게 많이 쓰던 치료법. 그렇지만 환자가 열 때문에 불에 좀 덜 타는 게 아니라 심지어 더해 괴로워 하는 것이다.

4. c) 고대부터 사용된 이 치료법은 '꽃 잘 중이 됨', 이 된 물놀이 웃음을 마시게 했다. 물론 효과는 없다.

5. b) 1609년에 오스발트 크롤(Oswald Croll)이 제안한 방법. 그렇지만 자두들은 수영장에 가까운 것이다.

6. c) 이 치료법은 식이 마사지에 달려들어 문제를 해결할 것이다. 뭐 어쨌든 그 효과는 꽤나 의심스럽지만 칼에 녹은 없기를 바라자!

찰스 2세를 위한 섬뜩한 치료법

1685년, 영국 왕 찰스 2세는 뇌졸중으로 쓰러졌다. 그는 어차피 죽을 운명이었으나, 의사들은 생각할 수 있는 온갖 치료법을 다 시도했다. 아, 불쌍한 찰스······.

어때? 옛날의 치료법이 어떠했는지 대충 감이 잡히지? 옛날의 으스스한 치료법은 뱀을 위한 미용실만큼이나 쓸모없는 것이었다.

이러니 많은 사람들이 의사들의 치료법을 거부할 수밖에! 또한 돌팔이 의사의 괴상한 비법에 혹한 것도 어쩔 수 없는 일이었다. 돌팔이를 영어로 quack이라 하는데, 이 단어는 오리가 꽥꽥거리는 소리이기도 하다.

그럼, 돌팔이 의사들은 어떤 비법을 썼는지 알아볼까?

돌팔이 의사와 기상천외한 민간 요법

먼저 내멋대로 박사의 이야기를 들어 보자.

19세기에 미국의 돌팔이 의사나 약장수는 포장마차를 타고 작은 도시나 마을을 돌아다니면서 괴상한 가짜 약을 팔았다. 당시 미국에서 돌팔이 의사가 되려면 다음과 같은 것들이 필요했다.

1. 포장마차
2. 손님을 끌기 위한 서커스 쇼. 차력사가 있으면 효과 만점이다. 돌팔이 의사가 준 약을 먹고 그렇게 힘이 세졌다고 뻥칠 수 있으니까.
3. 손님에게 팔 약. 맹물에 색소를 약간 섞으면 된다.
4. 빠른 말. 약을 산 손님들이 속았다는 걸 알아채고 몰려오기 전에 빨리 달아나야 하니까.

척 보아도 돌팔이 의사가 하는 짓은 수상쩍다. 자, 그럼 돌팔이 의사들이 팔고 다니던 여러 가지 치료법을 살펴보자. 이 중에서 여러분이 힘들게 번 돈을 주고 살 만한 게 있는가?

〈의학이 으악으악〉에서 제공하는
기상천외한 치료법

죽은 사람도 벌떡 일어나게 하는
기적의 치료법!
건강을 잃으면 금은보화가 무슨 소용이 있겠습니까?
온 재산을 다 주어도 아깝지 않은 비법!

조애너 스티븐스의
요로결석 치료약(1738년)을 구합니다.
무슨 특별한 성분이 들어 있느냐고요?
5000파운드만 내시면, 그 비밀을
알려 드립니다. 힌트 : 목욕을 할 때
나옵니다.

제임스 그레이엄의 경이로운
흙 목욕(1780년대)을 경험해 보세요.
얼굴만 내놓고 흙 속에 몸을
파묻어 보세요. 100세까지 장수를
누릴 것입니다! 게다가 값도 아주
싸답니다! 엥? 그렇진 많다고요?

안색이 창백한가요?

그렇다면 새뮤얼 톰슨의 건강 허브 묘약
(1800년대)을 써 보세요.
식물 재배를 좋아하는 사람에게
더없이 좋습니다!
주의 사항 – 온몸이 퍼렇게 변할
수 있음.

지지직거리는 라디오
소리를 듣고 싶으세요?

윌리엄 베일리의 레이디서
(1925년)를 복용해 보세요.
여기에는 방사성 물질인
라듐이 들어 있답니다.
방사능 효과 때문에
좋아하는 라디오 프로그램
을 들을 수 있습니다.

몸이 좋지 않은가요?

앨버트 에이브럼스 박사의 다이노마이저(1923년)로 검사해 보
세요. 에이브럼스 박사에게 말린 혈액 시료를 보내기만 하면,
놀라운 기계로 무엇이 문제인지 즉각 알아낼 수 있답니다.
자신이 죽을 병에 걸렸다는 사실을 안다는 건 참 흥미롭지
않습니까? 아, 운이 좋으면, 의사들이 들어 보지도 못한 병에
걸렸을 수 있어요!

깜빡 잊고 여러분에게 알려 주지 않은 으스스한 사실 여섯 가지

1. 1738년, 부자들과 영국 의회는 돌팔이 의사 스티븐스가 선전하는 약의 제조 비법을 알아내기 위해 그녀에게 5000파운드를 지불했다. 그 약의 주성분은 달걀 껍데기와 비누였다! 그런데도 많은 사람들이 그 약을 복용했고, 로버트 월폴 총리는 비누를 81kg이나 먹었다.

그렇지만 그의 요로결석은 낫지 않았다. 대신에 입에서 멋진 거품이 뽀글뽀글 났을 것이다!

2. 제임스 그레이엄(James Graham, 1745~1794)은 나중에 미

쳐 버렸고, 결국은 자신이 흙 속에 묻히는 걸로 끝나고 말았다 (물론 그때에는 이미 죽어 있었지만).

3. 미국의 돌팔이 의사 새뮤얼 톰슨(Samuel Thomson, 1769~1843)은 자신의 허브 묘약에 독성 식물을 사용했다. 그의 제자가 한 영국 여성에게 그 묘약을 사용했는데, 그 여성은 죽고 말았다.

4. 방사성 물질은 보이지 않는 고에너지 광선(방사선)이 나오는 물질을 말한다. 하지만 이 광선은 건강을 좋게 하는 게 아니라 목숨을 위태롭게 할 수 있다. 미국 경제계의 거물이었던 에벤 맥버니 바이어스(Eben McBurney Byers, 1868~1927)는 레이디서를 1000병 넘게 마시고서는 아주 끔찍한 최후를 맞이했다. 뼈들은 다 부러지고, 피부는 짓물렀으며, 두개골에는 구멍이 숭숭 뚫렸다. 불쌍한 바이어스! 건강을 위해 돌팔이 의사에게 비싸게 주고 산 약이 그에게 죽음을 가져다주었다!

5. 한 과학자가 에이브럼스 박사에게 혈액 시료를 보내자, 에이브럼스 박사는 과학자가 걸린 치명적인 병 이름을 줄줄이 나열했다. 그러나 에이브럼스 박사는 그 혈액 시료가 닭에서 채

취한 것이란 사실을 까마득히 몰 랐다! 닭콜레라 같은 병명을 댔어야 하는 건데!

6. Z수는 기묘하게도 수돗물과 아주 비슷한 것으로 드러났고, 돌팔이 약장수는 결국 감옥으로 들어갔다.

만약 돌팔이 의사가 처방한 약이 아무 쓸모도 없는 것으로 밝혀진다면, 이제 어떻게 해야 할까?

민간 요법이라는 게 있다. 의사들이 정식으로 사용하는 방법 말고 민간에서 입을 통해 전해 내려오는 치료법 말이다. 그러나 조심하라! 그중에는 여러분의 고통을 영원히 멈추게 해 주는 것도 있으니까!

마침 내멋대로 박사의 할머니가 쓴 책이 한 권 있는데, 거기에는 전통 민간 요법들이 실려 있다. 그중 몇 가지를 살펴보기로 하자.

내멋대로 박사 할머니의 건강 비법

얘들아, 할머니가 하는 말엔 틀린 게 없단다. 할머니는 건강이 무엇보다 소중하다고 강조한단다. 건강은 목숨을 걸고라도 지킬 만한 가치가 있으니까.

제1장 치료보다 예방이 더 중요

최선의 치료는 아예 병에 안 걸리는 것이다. 행운의 건강 부적이 그걸 보증하지. 아파치족 주술사에게서 받았는데, 정말 효과가 있어.

적의 시체에서 뽑은 이빨

추가로 행운을 보장하는 턱뼈 조각

제2장 어린이는 춥게 키워야 건강해진다

건강한 어린이

나는 강인한 할머니라서 어린이를 강하게 키우려고 하지. 그래서 18세기에 널리 사용되던 전통 비법을 사용한단다. 매일 아침 어린이는 얼음장처럼 차가운 물속에 집어넣어야 해. 그리고 겨울철에는 창문을 다 열어 놓게 하고, 옷과 양말도 항상 축축한 걸 입고 신게하지. 그러면 난방비도 줄일 수 있고, 어린이는 얼음 조각품 흉내도 낼 수 있어.

부모에게 드리는 주의 사항

절대로 이 비법을 따라 하지 말기 바랍니다! 18세기의 서적상 조지 니콜은 이 비법을 자신의 자녀 다섯 명에게 써 보았는데… 모두 죽고 말았답니다!

제3장 통증

통증은 배를 비롯해 모든 곳에 나타날 수 있는데, 할머니는 통증을 가라앉히는 비법을 알고 있지. 두더지 발을 그 위에 갖다 대고 문지르기만 하면 돼! 그리고 치통이 심할 때에는 갈아 놓은 밭을 가로질러 가는 고양이를 붙잡아 그 향긋한 엉덩이를 아픈 이에다 갖다 대고 문지르면 되지.

치통은 사라지지만, 고양이 엉덩이 냄새는 남음!

만약 고양이에게 할퀴었다면, 스코틀랜드의 전통 치료법을 써 봐. 할퀸 고양이의 귀를 잘라 상처 부위 위에 그 피를 뚝뚝 떨어뜨리면 돼. 물론 귀가 잘린 고양이는 아파 죽겠다고 난리를 치겠지만, 고양이에게는 따뜻한 똥을 붙여 주면 돼. 그럼 금방 나을 거야. 만약 사람이나 고양이가 귀앓이를 한다면, 아일랜드의 전통 비법을 써 봐. 바퀴벌레를 기름에 튀긴 뒤, 그걸로 귓구멍을 꽉 틀어막으면 돼.

제4장 감기 특효약

감기가 낫지 않아 고생을 하는 사람이 많은데, 할머니는 확실한 치료법을 알고 있단다. 온몸을 빨간색 플란넬 천으로 감싸면 효과가 좋단다. 만약 이게 통하지 않으면, 침대에 개를 집어넣고, 살아 있는 물고기를 입에 물고 자거라. 그러면 둘 중 하나가 네 감기를 가져가고, 너는 싹 나을 거야!

마지막 치료법은 아무래도 믿기 어렵다. 그런데 괴상한 민간 요법에서 정말로 놀라운 사실은 실제로 효과가 있는 경우도 있다는 것이다!

★ 요건 몰랐을걸!

1. 영국과 우크라이나의 시골 사람들은 전통적으로 상처 위에다가 곰팡이가 슨 빵을 올려놓는 민간 요법을 사용해 왔다. 그것은 전혀 터무니없는 방법이 아니었다. 1928년에 과학자들이 곰팡이에서 세균을 죽이는 항생제인 페니실린을 발견했기 때문이다(더 자세한 이야기는 159쪽 참고).

2. 약 1000년 전 중국 사람들은 천연두 환자의 몸에 난 고름 딱지를 떼어 내 어린이의 코 속에다 불어넣었다! 중국식 어린이 고문 방법이었냐고? 천만에! 약해진 천연두균과 접촉한 어린이의 백혈구는 나중에 진짜 천연두균이 몸에 들어오면 쉽게 물리칠 수 있었다. 터키에서는 같은 이

> 유로 할머니들이 천연두 환자의 고름을 바늘에 묻혀 멀쩡한 사람의 팔에다 찔렀다.

과학자들은 전통 민간 요법의 효과를 알아보기 위해 연구를 계속하고 있다. 이탈리아 남부 지방에 사는 주민들은 타란툴라(독거미의 일종)에게 물렸을 때 타란텔라라는 춤을 추면 낫는다고 믿었다. 그들은 타란툴라에게 물린 동물은 춤을 추려고 한다고 믿었다. 그래서 조르조 발리비(Giorgio Baglivi, 1669~1707)라는 과학자는 실험을 해 보기로 했다.

타란툴라 실험
조르조 발리비 씀

1일째: 타란툴라를 한 마리 잡았다. 그리고 타란툴라에게 토끼를 물게 했다. 미안해, 토끼야. 다 과학을 위해서란다. 이해하렴.
5일째: 토끼의 상태가 영 좋지 않다. 음식을 먹으려 하지 않고, 물도 마시려 하지 않는다. 나는 실험이 제대로 되고 있어서 기분이 좋다! 이제 다음 단계로 넘어갈 때가 되었다.
나는 연주자들을 불러 토끼를 위해 연주를 하게 했다.
자, 그럼 시작하자고. 1, 2, 3, 4, 5!

과연 토끼가 벌떡 일어나 춤을 출까?
엥? 여전히 꼼짝도 않잖아! 이봐요, 좀 더 크게 연주해 봐요!
토끼야, 연주 소리가 안 들리니? 그래도 아무 반응이 없다!
이것으로 타란텔라 춤이 효과가 있다는 이야기는 순전히 뻥이라는
것이 증명되었다!

이것은 과학적 방법으로 의학 연구를 한 초기의 사례다. 오늘날 모든 치료법은 사람에게 사용하기 전에 충분히 시험을 거치며, 어떤 것이 효과가 있는지 없는지 쉽게 알아낼 수 있다. 그렇지만 효과가 없더라도 누구나 한번 시도해 보고 싶은 치료법도 있다.

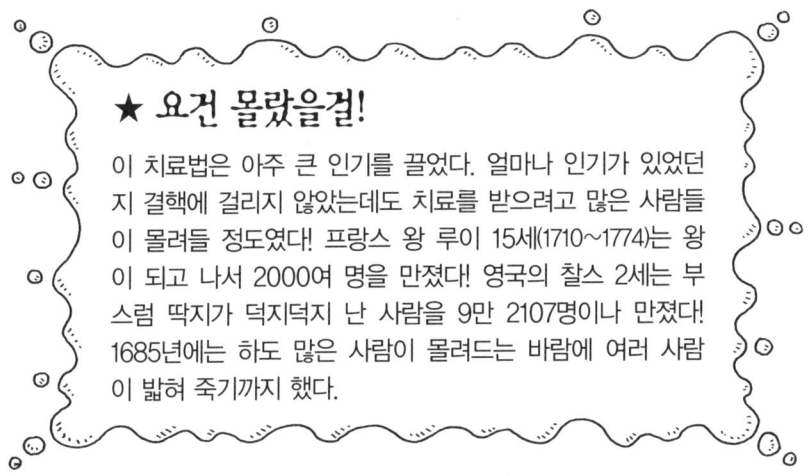

★ 요건 몰랐을걸!

이 치료법은 아주 큰 인기를 끌었다. 얼마나 인기가 있었던지 결핵에 걸리지 않았는데도 치료를 받으려고 많은 사람들이 몰려들 정도였다! 프랑스 왕 루이 15세(1710~1774)는 왕이 되고 나서 2000여 명을 만졌다! 영국의 찰스 2세는 부스럼 딱지가 덕지덕지 난 사람을 9만 2107명이나 만졌다! 1685년에는 하도 많은 사람이 몰려드는 바람에 여러 사람이 밟혀 죽기까지 했다.

모든 치료법이 실패하여 여러분이 죽는다면, 과학을 위해 마지막으로 봉사할 수 있는 길이 하나 있다. 의사에게 여러분의 몸을 해부하게 하는 것이다. 해부대 위에서 몸이 토막 나는 걸 원치 않는다고? 하기야 죽은 뒤라곤 하지만, 자기 몸을 자르고 가르는 건 별로 기분이 좋지 않겠지. 그러나 원치 않는다고 해서 반드시 그 운명을 피할 수 있는 것은 아니다. 일부 야만적인 의사들은 땅속에 묻힌 여러분을 파내기도 하니까!

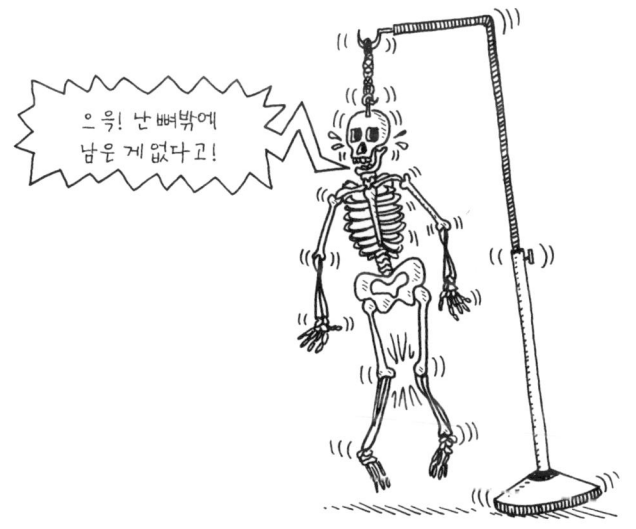

공포의 해부

내멋대로 박사에게는 으스스한 비밀이 하나 있다. 밤이 되면 가끔 자기 병원 지하실로 몰래 들어가…… 시체를 마구 가른다! 오오, 비명 지를 것 없다. 내멋대로 박사는 미치광이 과학자가 아니다! 뭐 어쨌든 그 정도로 미친 건 아니다.

오늘날 시체 해부는 아무나 할 수 있는 일이 아니다. 어때, 혹시 구미가 당기는가? 망설이고 있는 동안 시체 해부가 얼마나 오싹한 경험이 될 수 있는지 실제로 있었던 이야기를 들려주겠다.

여러분은 과연 해부를 할 용기가 있을까?
1820년, 영국 랭커스터.
높은 담장으로 둘러싸인 감옥 앞에서 서서 부들부들 떨고 있는 동안 11월의 저녁은 이미 캄캄한 밤으로 변한 지 오래되었다. 자꾸만 오후에 겪었던 공포의 장면이 떠올랐다. 그리고 이

벽 뒤에서 보았던 그 끔찍한 광경도…….

나는 나를 고용한 딕슨 씨를 따라 자갈이 깔린 안뜰을 지나 낡은 탑 쪽으로 갔다. 나선형 계단을 빙빙 돌면서 올라가자 차갑고 퀴퀴한 방이 나타났다. 이곳은 감옥의 세면장이자 시체 보관소였다. 거기에는 하얀 시트로 덮인 시체들이 기다리고 있었는데, 딕슨 씨는 해부를 해 사인을 밝혀내기 위해 그곳에 온 것이었다.

"애야, 걱정 말거라. 시체들은 너에게 해로운 짓을 전혀 하지 않으니까. 의사가 되려면 섬뜩하고 징그러운 것들에 익숙해져야 한단다. 문제는 네가 그럴 용기가 있느냐 하는 것이지."

딕슨 씨가 내게 말했다.

"음, 아마 그…… 그럴 거예요."

나는 더듬거리며 대답했다. 딕슨 씨가 시트를 확 걷어 젖혔다. 나는 숨이 턱 멎었다. 젊은 죄수의 얼굴이 눈앞에 드러났다. 지난주에 내가 도와주려고 했던 그 환자였다. 그렇지만 지금은 죽어 있었고, 얼굴은 창백하고 헬쑥했다. 나는 점점 심해지는 공포감을 애써 누르며 딕슨 씨가 칼을 들고 시체를 자르는 것을 지켜보았다.

그것이 오늘 오후에 있었던 일이다. 지금 나는 다시 감옥 앞에 서 있다. 음산한 성벽은 칠흑처럼 새카만 구름을 찌를 듯이 우뚝 솟아 있었다. 나는 딕슨 씨가 전해 주라고 한 약병을 꼭 쥐고서 스스로 부여한 임무에 대해 생각했다. 나는 과연 그것을 해낼 용기가 있을까? 숨을 한 번 깊이 들이쉰 뒤에 차가운 철제 고리쇠를 들었다가 놓았다. 쿵 하고 무거운 소리가 사방으로 울려 퍼졌다. 내 심장도 고리쇠 소리만큼 크게 뛰었다.

잠시 후, 거대한 철문이 삐걱 하고 열렸다.

"오, 리처드로구나. 약을 가져온 게로구나."

교도관이 날 보고 말했다.

내가 시체 보관실에 들러도 되냐고 묻자, 그는 조금도 놀라지 않았다. 별일 아닌 것처럼 내게 등불과 커다란 열쇠를 건네주었다. 딕슨 씨의 심부름으로 왔나 보다 하고 생각한 것 같았다.

거친 숨을 몰아쉬며 캄캄하고 바람이 씽씽 부는 안뜰을 가로질러 탑을 향해 걸어갔다. 심장이 콩닥콩닥 뛰었지만, 그곳에 가지 않으면 안 되었다.

"내가 할 수 있다는 것을 보여 주어야만 해."

스스로를 채찍질하듯이 중얼거렸다.

"의사가 되려면 온갖 소름끼치는 것들을 다 보아야 해. 그렇지만 과연 혼자서 그것을 볼 용기가 있을까?"

이가 딱딱 맞부딪치는 소리가 났다.

자물쇠에 무거운 열쇠를 넣고 돌리는 순간, 갑자기 찬바람이 씽 하고 불어오는 바람에 움찔했다. 그러면서 등불이 꺼져 버렸다.

나는 등불을 바닥에 내려놓았다. 이제 할 수 없이 캄캄한 어둠 속에서 그곳에 가야 한다.

탑 안으로 발을 들여놓는 순간, 뒤에서 쾅 하고 문이 닫혔다! 나는 완전히 어둠 속에 갇히고 말았다. 나는 숨도 제대로 쉬지 못하고 시체들이 놓여 있는 그곳을 향해 난간을 더듬으며 계단을 올라갔다. 윙윙거리며 부는 바람 소리와 창문으로 새어 들어오는 공기 소리만 들렸다. 그것은 마치 유령들이 내는 소리 같았다.

"시체들은 절대로 나를 해치지 않아."
나는 스스로를 안심시켰다.

그러나 다음 순간, 나는 소스라치게 놀라 그 자리에 얼어붙고 말았다. 저기 계단 위쪽에 유령 같은 형체가 서 있는 게 아닌가! 게다가 내가 아는 사람이었다! 아까 해부대 위에 누워 있던 바로 그 젊은이였다. 그는 그곳에서 나를 기다리고 있었다······.

나는 비명을 지르며 돌아서서 낡은 돌계단을 구르다시피 하면서 도망쳤다. 그런데 계단 아래쪽에도 누군가가 있었다! 하얀 시체 얼굴 같은 것이 번득이는 게 아닌가! 나는 옴짝달싹도 할 수 없었다! 뭔가가 스윽 뻗어 오더니 차가운 손가락으로 내 발목을 감았다. 공포에 질린 나는 숨을 헐떡이며 손을 뻗어 그것을 붙잡았다.

자세히 보니 그건 하얀 시트였다.

나는 순간 정신을 차렸다. 달이 구름에서 나와 창문을 통해 방 안을 환히 비춰 주었다. 그것은 말리기 위해 계단에 널어 둔 시트였다. 너무 어두워서 미처 보지 못했던 것이다. 그러나 계단 위쪽에 있던 유령은 무엇이란 말인가?

나는 숨을 깊이 들이쉬고 나서 조심조심 계단을 올라갔다.

그곳에 아까 보았던 그 형체가 있었다! 그것은 벽에 비친 빛이 만들어 낸 형상이었다. 나는 그것을 젊은이의 얼굴로 상상했던 것이다.

휴우! 나는 안도의 한숨을 내쉬었다. 그리고 후들거리는 다리로 돌아서서 공포의 탑에서 나왔다. 그만하면 충분하다고 생각했다.

의사는 온갖 소름끼치는 상황에서도 태연해야 하지만, 진짜 유령이라면 문제가 다르다.

해부는 왜 할까?

리처드 오언은 이렇게 젊은 시절에 자신이 해부를 할 만한 배짱이 있음을 확인했다. 사실, 그는 해부를 아주 좋아했다! 그는 대학에 진학했고, 훗날 공룡을 뜻하는 영어 단어 '다이너소어(dinosaur)'를 만들어 낸 유명한 과학자가 되었다.

그런데 왜 어떤 사람은 시체를 자르고 싶어 할까? 내멋대로 박사에게 물어 봤더니…….

*기관: 뇌처럼 일정한 모양을 가지고 특정 생리 기능을 수행하는 신체 부위.

　오늘날 의사가 되려는 사람들은 자주 시체를 해부해 기술을 연마하지만, 옛날에는 그렇게 하기가 쉽지 않았다.

해부에 관한 으스스한 이야기

　고대 중국이나 인도, 그리스, 로마에서는 종교적인 이유로 해부를 금지했다. 그래서 갈레노스는 원숭이나 개, 돼지, 코끼리를 가지고 해부를 해야 했다. 당연히 해부학에 관해 그가 알아낸 지식은 완전한 게 못 되었다.

갈레노스의 해부학 지식에 관한 보고서

내멋대로 박사 씀(애써 냉정을 유지하고 있는 모습)

갈레노스는 이렇게 믿었다.

1. 신경은 메시지를 뇌로 전달한다. 촉각 메시지는 신경을 통해 뇌로 가고, 대신에 뇌는 근육을 움직이는 명령을 신경을 통해 전달한다. 뇌와 신경은 목소리도 제어한다.

> 아주 정확하다. 그렇지만 뇌로 가는 메시지는 다른 감각에서 보낸 것도 있다.

2. 공기는 폐에서 심장으로 가 그곳에서 심장 벽에 난 작은 구멍을 통해 들어온 피와 만난다.

> 이건 곳곳에 구멍이 숭숭 뚫린 이론이야!

3. 사람의 뇌 밑에 있는 혈관들은 말의 혈관들과 똑같은 것이다.

> 무슨 말도 웃을 소리를!

    옛날 의사들이 갈레노스가 질병에 대해 한 말을 얼마나 철석같이 믿었는지 기억하고 있는가? 그들은 해부학에서도 갈레노스를 최고의 권위자로 생각했다. 직접 사람 몸을 해부하여 갈레노스의 주장이 틀렸다는 것을 증명하려는 사람이 왜 아무도 없었을까? 그것은 말은 쉽지만, 실제로 하기는 참 어렵다. 사람 몸을 해부하는 것은 여전히 금지돼 있었으며, 의과 대학에서 간혹 하는 시체 해부는 의사가 아닌 조수들이 맡았다. 젊은 의사나 학생들은 해부한 시체를 자세히 들여다보려고도 하지 않았다. 야코프 실비우스라는 교수는 갈레노스가 틀렸다는 걸 알았지만, 그것은 로마 시대 이래 사람의 몸이 변했기 때문이라고 생각했다! 교수들과 갈레노스의 생각이 틀렸음이 증명된 것은 한 무모한 도둑 덕분이었다.

**〈의학이 으악으악〉 본부에서 수여하는
역사상 가장 훌륭한 해부학자를 위한 '해부의 달인 상'**

1등—안드레아스 베살리우스
(Andreas Vesalius, 1514~1564)
국적: 오늘날의 벨기에 지역에서 태어남
주요 업적: 시체를 훔쳐 직접 해부함으로써 갈레노스의 생각이 틀렸음을 증명했다. 베살리우스 덕분에 의사들 사이에 해부가 큰 인기를 얻게 되었다.

칭찬할 만한 장점: 그는 교수와 맞서 논쟁을 벌이는 것을 겁내지 않았다. 그는 어리석은 실비우스 교수에게 칼은 식탁에서나 쓰는 게 어울릴 거라고 말했다. 그렇지만 선생님한테 대드는 게 천재라는 증거가 아니라는 것은 두말할 필요도 없다.

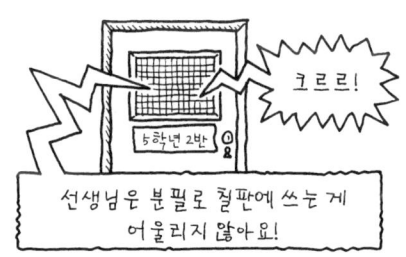

해부의 달인 상

2등 – 조반니 모르가니(Giovanni Morgagni, 1682~1771)

국적: 이탈리아

주요 업적: 질병이 신체 장기에 미치는 영향을 연구했다. 80세 때 질병이 신체의 각 기관에 미치는 효과를 열거한 책을 냈다. 이것은 정말 대단한 일이었다. 이로써 마침내 의사들은 자기 눈을 사용해 질병이 미치는 효과를 과학적인 방법으로 연구하게 되었다.

칭찬할 만한 장점: 옛날 의사들이 틀렸음을 증명했다. 죽음은 어떤 체액이 지나치게 많아서 찾아오는 게 아니라 기관이 손상되어 찾아온다.

해부의 달인 상

3등 – 존 헌터(John Hunter, 1728~1793)

국적: 스코틀랜드

주요 업적: 총리(물론 죽은 뒤에)를 포함해 거의 모든 것을 다 해부했다. 사람과 동물의 신체 부위 1만 4000여 점이 전시된 박물관을 세웠다.

칭찬할 만한 장점: 어떤 경우에도 자신이 하고 싶은 말을 다 했다. 설사 무례하게 보인다 하더라도…….

헌터가 무슨 말을 했는지 알고 싶은가? 어떤 사람의 사인을 알아내려고 시체 해부를 하려는 그를 한 친척이 방해하자, 존 헌터는 이렇게 말했다.

여러분도 이 정도로 용감하고 무례할 수 있는가? 또 여러분은 악마 해부학자가 될 수 있을까? 악마 해부학자가 뭐냐고? 계속 읽어 보라.

으스스한 해부학 퀴즈(존 헌터의 생애를 중심으로)

진행 방법
각각의 질문에는 두 가지 답이 딸려 있다. 하나는 아주 정상적인 것이고, 다른 하나는 아주 잔인한 것이다. 둘 중 어느 것이 정답일까?

1. 시체의 위액을 시험하려면 어떻게 하겠는가?

a) 이성적인 과학자　　　b) 악마 해부학자

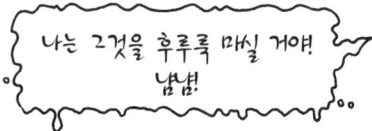

무해한 화학 물질을 사용해서 시험해야지.

나는 그것을 후루룩 마실 거야! 냠냠!

2. 뼈에 붙어 있는 살을 어떻게 발라 낼 것인가?

a) 이성적인 과학자　　　b) 악마 해부학자

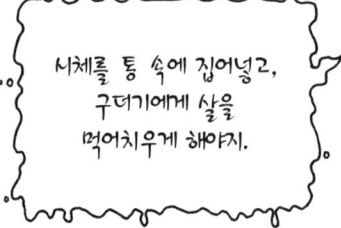

20년 동안 땅속에 묻어 놨다가 꺼내야지.

시체를 통 속에 집어넣고, 구더기에게 살을 먹어치우게 해야지.

3. 그리고 남은 신체 부위는 어떻게 처리하겠는가?

a) 이성적인 과학자　　　b) 악마 해부학자

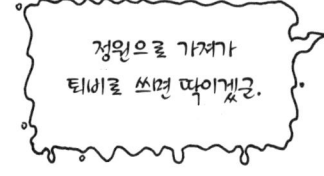

적절한 장례를 치러 줘야지.

정원으로 가져가 퇴비로 쓰면 딱이겠군.

4. 마지막 유언은 어떤 걸로 하겠는가?

a) 이성적인 과학자　　　b) 악마 해부학자

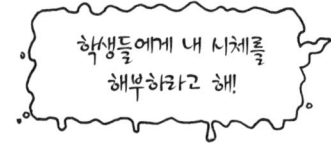

학생들에게 하루 휴일을 주게.

학생들에게 내 시체를 해부하라고 해!

으스스한 답:

너무나도 충격적인 사실 – 정답은 모두 b)다!

1. b) 의과 대학생들은 이렇게 했다. 죽을 좋아하는가?
2. b) 그것은 악취도 심했다.

3. b) 몇몇 소년이 수레에 실린 시체 조각을 발견하는 바람에 폭동이 일어나기까지 했다.
4. b) 과연 여러분의 선생님은 여러분을 가르치기 위해 최후의 희생을 하려고 할까?

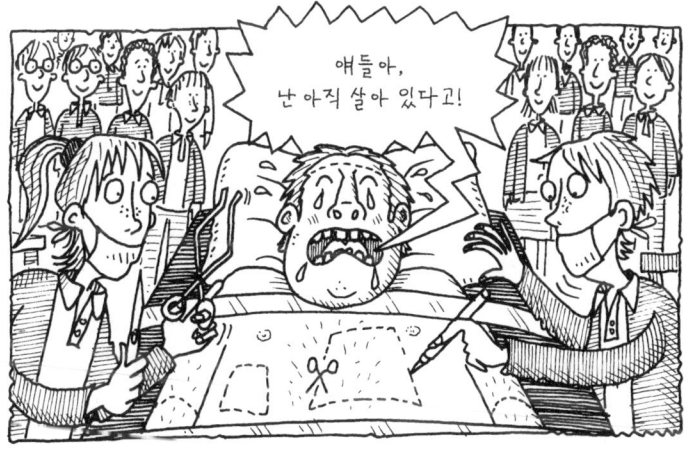

헌터가 죽은 후, 많은 사람이 그의 의학 박물관을 구경하러 왔는데, 그제야 으스스한 진실이 드러났다. 헌터가 모은 시체 중 상당수는 무덤에서 훔친 것들이었다. 이것은 아주 심각한 문제였다.

★ 요건 몰랐을걸!

의과 대학에서 학생에게 해부학 실습을 점점 더 많이 시키게 되자, 해부용 시체가 더 많이 필요하게 되었다. 의사들은 처형당한 죄수의 시체를 해부할 수 있었지만, 그 시체만으로는 수요를 감당할 수 없었다. 때로는 시체를 놓고 의사와 죄수 가족 간에 난투극이 벌어지기도 했다. 무자비한 의사들은 시체 도굴꾼을 고용하여 무덤에서 시체를 훔쳐 오게 했다.

헌터의 전시물 중 가장 놀라운 것 역시 다른 데서 훔쳐 온 것이었다. 그것은 바다 밑바닥에 묻혀 있었던 것으로 추정되는 거인의 뼈였다. 그는 도대체 어디서 그것을 구했을까?

뼈다귀 수사반장의 사건 기록 일지
거인의 뼈에 관한 미스터리

찰스 번(Charles Byrne)은 보는 사람의 탄성을 자아냈다. 아일랜드 출신인 그는 키가 251cm나 되었다. 그는 1782년에 런던에 왔고, 사람들은 단지 그를 보기 위해 돈을 지불했다. 그는 정말 대단한 볼거리였다. 존 헌터도 구경꾼 중 한 사람

이었는데, 그는 단지 구경하는 것만으로 만족하지 못했다. 그는 거인의 몸을 해부해 보길 원했다. 얼마 지나지 않아 번은 병에 걸렸고, 벌었던 돈도 거덜나고 말았다. 그때 헌터가 나타나 악마의 제안을 했다.

사후에 그의 몸을 해부할 수 있게 해 주면 돈을 주겠다고 한 것이다. 그러나 번은 자기 몸을 해부하는 걸 원치 않았다. 자기 몸이 토막 난다는 건 생각하기도 싫었다. 그래서 번은 친구들에게 자기가 죽으면 시체를 헌터의 손에 들어가지 않도록 바다 속에 던져 달라고 부탁했다. 번의 친구들은 그러마고 약속했고, 번의 마지막 유언을 지켰다. 그런데 어떻게 해서 번의 뼈가 헌터의 의학 박물관에 서 있게 된 것일까? 이 사건은 아직도 미궁에 빠져 있다.

과연 어떻게 된 일일까?

a) 헌터가 바다에서 시체를 건져 올렸다.

b) 잔인한 헌터는 거인의 몸을 꼭 해부해 보고 싶었다. 그래서 번을 죽이고, 친구들을 돈으로 구워삶아 시체를 바다에 던졌다고 말하게 했다.

c) 헌터가 장의사에게 뇌물을 써 시체를 빼돌렸고, 거인의 친구들을 속여 넘겼다.

답: c) 교활한 장의사는 번의 친구들에게 술을 진탕 먹여 취하게 한 다음, 관에서 시체를 빼내고 대신 돌을 채워 넣었다. 정말 교묘하지 않은가!

그런데 어떤 의사들은 시체를 훔치는 것에 만족하지 못했다. 심지어 살인까지도 눈감아 주었다!

살인자 현상 수배!
윌리엄 버크와 윌리엄 해어

주거지: 스코틀랜드의 에든버러
(1829년)

범행 수법: 무고한 사람을 해어의 하숙집으로 유인하여 목 졸라 죽임. 이들은 최소한 16명을 살해하여 그 시체를 로버트 녹스 박사에게 해부용으로 팔았음.

현상금: 처형장 VIP석 관람권 2장

처형 시간: 오후 8:00 - 8:05

버크와 해어는 무자비한 살인자였다. 그들은 돈을 위해서라면 상대를 가리지 않고 해쳤다. 그러나 두 사람의 범죄 행각은 한 하숙인이 빈 방에서 늙은 여인의 시체를 발견하는 바람에 들통나고 말았다. 경찰은 해어를 설득해 버크의 범행 증거를 진술하게 하는 데 성공했다. 버크가 처형될 때 그것을 구경하러 모여든 사람이 4만 명이나 되었다! 버크의 시체는 의사들에게 해부용으로 넘겨졌지만, 버크는 이번에는 아무런 대가도 받지 못했다.

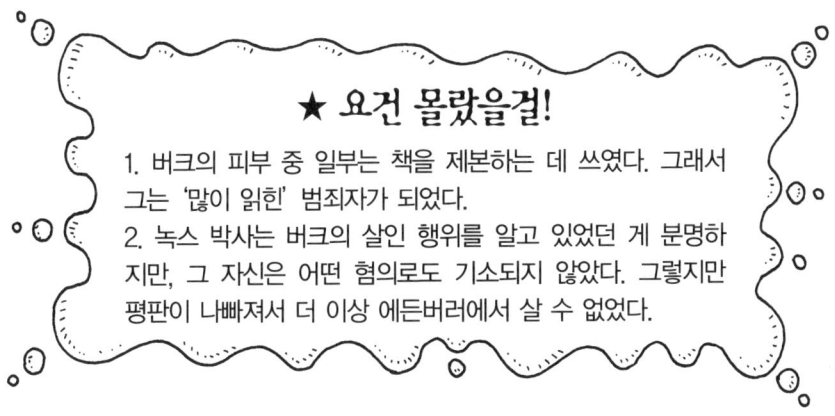

★ 요건 몰랐을걸!
1. 버크의 피부 중 일부는 책을 제본하는 데 쓰였다. 그래서 그는 '많이 읽힌' 범죄자가 되었다.
2. 녹스 박사는 버크의 살인 행위를 알고 있었던 게 분명하지만, 그 자신은 어떤 혐의로도 기소되지 않았다. 그렇지만 평판이 나빠져서 더 이상 에든버러에서 살 수 없었다.

이러한 잔인한 범죄들에 충격을 받은 영국 정부는 의사들에게 연고가 없거나 가족이 인수하길 원치 않는 시체를 해부할 수 있도록 허용했다. 이제 의사들은 훔쳐 온 시체를 살 필요가 없어졌다. 이렇게 해서 공포 시대는 막을 내린 것처럼 보였다. 그러나 과연 그랬을까?

살아서 해부당한 사람

옛날에는 의학이 충분히 발달하지 않아서 가끔 환자가 죽었는지 살았는지 헷갈리는 경우도 있었다.

1832년, 키가 아주 큰 아일랜드 경찰이 죽었다. 시체가 너무 크다 보니, 장의사는 관에 시체를 집어넣기 위해 다리를 자르려고 했다. 그런데 망치로 시체를 내리치는 순간, 시체가 비명을 질렀다! 시체가 너무나도 고통스런 충격을 받은 나머지 되살아난 것이었을까? 어쨌든 장의사는 더 큰 비명을 질렀을 것이다!

오늘날에는 사람이 죽으면 정말로 죽었는지 확인하기 위해 아주 꼼꼼하게 검사를 한다. 그러나 옛날에는 아직 완전히 죽지 않은 사람을 산 채로 매장하는 경우가 종종 있었다. 여러분이 산 채로 관 속에 갇혀 캄캄한 땅속에 묻힌다고 상상해 보라! 얼마나 으스스한가! 그러나 그보다 더 심한 경우도 있었으니…… 바로 산 채로 몸이 난도질되는 것이다!

1587년, 처형당한 죄수의 가슴에 의사가 메스를 갖다 대고 긋는 순간, 시체가 깨어났다! 그는 며칠 동안 살아 있다가 다시 죽었다.

1740년에는 한 십대 소년이 절도죄로 처형당했다. 의사들이 칼로 시체를 가르려고 하는 순간, 소년이 기침을 하면서 일어났다. 그는 살아남았고, 다행히 해부도 당하지 않았다.

소년은 수술을 받으며 죽어 간 많은 사람에 비하면 운이 좋았다. 그들은 살아 있었고, 몸이 난도질되는 동안 발버둥쳤다. 그러나 잠시 후, 그들은 발버둥칠 기력을 영영 잃어버리고 말았다.

야만적인 수술

여기에서는 피 튀기는 수술에 대해 살펴보자.

사람이 로봇이라면 얼마나 편할까! 그렇다면 외과의는 그저 전지를 갈아 끼우거나 나사를 조이기만 하면 될 텐데 말이다. 그러나 사람은 기계가 아니다. 그 몸을 열어젖히려고 하면, 환자는 고통을 느끼고, 피를 흘리고, 비명을 지른다…….

야만적인 외과의와 불쌍한 병사들

가장 야만적인 수술은 전쟁터에서 일어났다. 전투가 끝나고 나면 사지가 절단된 병사들이 나뒹굴었는데, 이들은 외과의들이 수술 기술을 연마할 수 있는 좋은 실험 재료였다. 아마 수술을 받는 병사들은 차라리 전투에서 죽었더라면 하고 바라지 않았을까!

1812년에 보로디노에서 벌어진 전투가 끝난 후, 프랑스 외과의 도미니크 장 라레(Dominique Jean Larrey, 1766~1842)는 다리를 200개나 절단했다. 하루 일과가 끝난 후 라레는 머리가 띵했겠지만, 그는 그 일 때문에 전설로 남았다.

그렇지만 다음 사람이 아니었더라면, 전쟁터의 수술은 훨씬 더 야만적인 것으로 남아 있었을 것이다.

명예의 전당 : 앙브루아즈 파레(Ambroise Paré, 1510~1590)
국적 : 프랑스

파레는 의사는 환자에 대한 희망을 버리지 말아야 한다고(설사 희망이 거의 없더라도) 말했다. 그러나 그가 군의관으로 일하기 시작했을 때만 해도 총에 맞은 병사는 살 가망이 거의 없었다. 의사들은 화약이 상처를 썩게 만든다고 생각했는데, 물론 그것은 틀린 생각이었다.

당시 의사들은 부상당한 팔이나 다리를 잘라 내고, 출혈을 멈추기 위해 그 위에 끓는 기름을 쏟아 부었다. 파레도 그렇게 했는데, 1537년의 어느 날 그만 기름이 떨어지고 말았다.

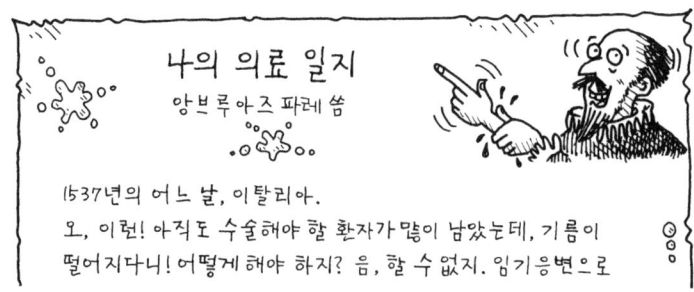

다른 걸 써 봐야지. 장미유와 테레빈유와 달걀을 섞어 사용해 보자. 최소한 환자를 진정시키는 효과는 있을 테니까.
이것을 썼더니 환자들이 이전처럼 시끄럽게 비명을 꽥꽥 질러 대지 않았다.

다음 날
믿을 수 없는 일이 일어났다! 새로운 치료법을 쓴 환자들이 눈에 띄게 좋아졌다! 심지어 상처 부위가 낫고 있다! 반면에 뜨거운 기름을 부었던 환자들은 아직도 고통 속에 신음하고 있다.
앞으로 뜨거운 기름은 쓰지 말아야겠다!

새로운 혼합물은 상처의 통증을 가라앉혀 주었고, 신체의 자연 복구 시스템이 잘 작동하게 해 주었다. 파레는 아주 중요한 결정을 내렸다.

깜짝 퀴즈

나중에 파레가 자신의 혼합물에 추가한 새로운 성분은 무엇일까?

주의 사항: 답은 하나만이 아닐 수도 있다.

a) 커스터드

b) 개의 지방

c) 지렁이 으깬 것

답: b)야. 이 샌드위치 재료가 정말 기름이 자르르하지?

파레는 유명해졌다. 그러다가 어느 날 파레는 적군에게 붙잡혀 죽을 위기에 처했는데, 그를 알아본 적군이 그를 풀어 주었다고 한다. 1545년에 파레는 자신이 발견한 것을 책으로 썼고, 일약 슈퍼스타 외과의로 떠오르게 되었다.

그는 왕의 시의가 되었다. 친구인 프랑스 왕 앙리 2세가 머리에 부상을 입자, 파레는 왕을 구하기 위해 수술 계획을 세웠다. 그래서 처형된 죄수의 머리를 가지고 수술 연습을 한 뒤, 마침내 왕에게 수술을 하려는 찰나에 왕이 죽고 말았다!

파레는 거기서 그치지 않고 인공 팔다리와 틀니도 발명했다. 그러나 1572년에 파레는 큰 곤경에 빠졌다. 프랑스 왕 샤를 9

세의 추종자들이 프랑스의 모든 신교도를 죽이라는 명령을 내렸는데, 파레도 신교도였던 것이다. 다행히도 마침 그때 파레는 왕과 함께 있었다. 왕은 이렇게 말했다.

여러분은 어떤 사람이라도 죽이는 것은 옳지 않다고 생각하겠지? 뭐, 어쨌든 왕은 파레의 목숨을 살려 주었다.

악몽 같은 수술

파레 같은 헌신적인 의사들의 노력에도 불구하고, 과거에는 수술 도중에 많은 환자가 죽었다. 의사와 마찬가지로 외과의도 인명을 구하려고 최선을 다했지만, 그 최선이라는 게 별로 신통치 않았다. 게다가 치명적인 문제가 두 가지나 있었으니, 그것은 바로 통증과 병균이었다.

그러면 과거의 끔찍한 수술실을 한번 들여다보자.

19세기의 야만적인 수술

1. 외과의는 피범벅이 된 앞치마를 자랑스럽게 여겼다. 2. 외과의가 쓰는 칼은 씻지도 않았다. 3. 톱도 마찬가지! 4. 혈관을 봉합하는 실도 없었다. 5. 어떤 병원에서는 환자가 도망가지 못하게 하려고 수갑을 채웠다. 6. 피를 덮기 위한 모래와 삽. 7. 잘라 낸 다리를 담는 톱밥 상자. 8. 뜨거운 철(출혈을 멈추게 하는 데 사용)을 가열하는 스토브

★ 요건 몰랐을걸!

일부 환자는 수술실에서 도망가려고 했다. 로버트 리스턴 (Robert Liston, 1794~1847)에게 수술을 받기로 돼 있던 한 환자는 수술실에서 달아나 화장실에 숨었다. 그러나 건장한 리스턴은 공포에 질린 환자를 뒤쫓아 가 화장실 문을 부수고는, 그를 도로 수술실로 데려갔다. 다행히도 그 환자는 살아남았다.

그러나 리스턴이 항상 성공을 거두었던 건 아니다. 그가 집도했던 한 수술은 아주 피비린내 나는 것이었다. 그것을 라디오로 중계했으면 아마 다음과 비슷한 것이 되지 않았을까 싶다 (아, 그러니까 만약 그 시대에 라디오가 있었다면 말이다). 잔인한 이야기를 좋아하지 않는다면, 귀를 틀어막도록!

자, 지금부터 역사적인 수술 실황 중계를 시작하겠습니다. 오늘 로버트 리스턴은 다리 절단 세계 신기록에 도전합니다. 종래의 기록은 역시 리스턴이 보유하고 있는 2분 30초입니다….

아, 드디어 리스턴이 등장했습니다. 언제나처럼 피범벅이 된 초록색 외투와 웰링턴 부츠를 착용하고 있군요. 아주 침착하고 편안해 보입니다. 좋은 기록이 나올 걸로 예상됩니다.

리스턴이 시간을 잴 조수를 부르는군요. 아, 드디어 칼을 뽑아들었습니다. 칼 손잡이에는 수술을 한 번 할 때마다 그어 놓은 눈금이 무수히 표시돼 있군요.

자, 드디어 시작했습니다. 곧장 다리를 절단하기 시작합니다! 환자가 온몸을 비틀고 비명을 질러 댑니다! 리스턴이 절단을 하는 동안 조수들이 환자가 꿈틀거리지 못하게 몸을 꼭 붙잡고 있습니다….

오, 이럴 수가! 리스턴이 조수의 손가락 3개를 잘라 버렸습니다! 칼이 미끄러졌나 봅니다. 환자의 몸도 일부를 잘라 내긴 했군요. 리스턴이 칼을 빼냈습니다. 오, 이런! 눈을 믿을 수가 없군요! 리스턴의 칼이 한 구경꾼의 옷자락을 베어 버렸습니다! 그 사람은 그만 기절하고 말았군요. 아니, 그게 아니라 사망했습니다! 자신이 칼에 찔렸다고 착각하고 심장마비를 일으킨 것입니다!

이제 수술실은 온통 아수라장으로 변했습니다! 환자는 멱 딴 돼지처럼 비명을 꽥꽥 질러 대고, 조수도 울부짖고 있습니다. 그러나 리스턴은 아무 일 없다는 듯이 냉정하게 뼈를 절단하고, 혈관을 봉합하고 있습니다. 정말 흔들림 없는 훌륭한 외과의입니다! 그렇지만 유감스럽게도 리스턴은 세계 신기록을 수립하는 데 실패하고 말았습니다. 그것은 다음 기회로 미룰 수밖에 없겠습니다. 이제 연습을 할 환자를 찾아야겠군요.

그 환자와 조수는 수술 때 감염된 병균 때문에 죽고 말았다. 이것은 역사상 최악의 수술로 기록되었다. 그도 그럴 것이 한 번의 수술로 세 사람이 사망했으니까!

수술의 고통

정말 가슴 아픈 이야기지? 이러한 사고가 일어난 원인은 고통스러운 통증 때문이었다. 리스턴은 너무 서두르는 바람에 실수를 저지르곤 했다. 그렇게 서둘렀던 이유는 환자의 고통을 덜어 주기 위해서였다. 그러나 도움을 주려고 했던 그 행동이 오히려 화를 불렀다.

기원전 200년경에 중국 의사들은 약초를 사용해 환자를 잠들게 하는 방법을 실험했다. 그러나 유럽과 아메리카의 외과의들은 훨씬 야만적이었다. 그들은 진통제(혹은 조금 더 전문적인 용어로는 마취제)는 효과가 확실치 않다고 생각했다. 그래서 환자에게 술이나 아편 같은 마약을 주어 감각을 잃게 만들려고 했다(운이 좋으면). 무자비한 영국 군의관 존 홀(John Hall)은 이렇게 말했다.

다음에 선생님이 고함 좀 그만 지르라고 말하거든, 이 이야기를 해 보도록!

수술의 통증에 관한 퀴즈

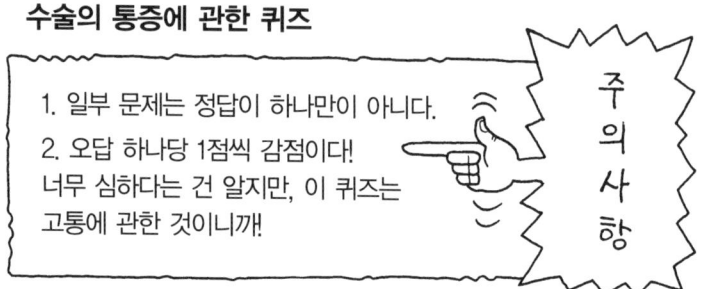

1. 일부 문제는 정답이 하나만이 아니다.
2. 오답 하나당 1점씩 감점이다!
너무 심하다는 건 알지만, 이 퀴즈는 고통에 관한 것이니까!

주의사항

1. 수술의 통증 때문에 유럽에서는 외과의가 할 수 있는 수술이 제한되었다. 다음 중 할 수 있는 수술은 어떤 것이었을까?

a) 심장 이식 수술

b) 치아 이식 수술

c) 방광에서 결석을 꺼내는 수술

2. 다음 중 통증을 줄이기 위해 외과의들이 시도해 본 방법은?

a) 큰 막대로 환자의 머리를 세게 친다.

b) 여성 환자에게 심한 모욕을 주어 실신시킨다.

c) 환자가 잠든 밤중에 수술을 한다.

> 답: 1, b) 존 헌터 경이 다시 수술을 개최했다. 가디건 이 사에게 놓였을 뿐 아니라 이를 차후 풀 수 있는 단서를 남기도 했다. 그리고 이것이 유효자극을 불러일으킨다. 그 남 속에 이런 이들 중 두 명이 떼어져 나가서 달렸다. 그리고 그는 발뿔이었다.
> c) 절차가 수행중 중히 일어났다. 상자에 피부가 당 긴 외과의 끌레메르는 말리니(Clever de Maldigny)는 자신 에게 그 수술을 하기까지 했으나, 결국에는 장이서 시계 이상을 몰래 내 생각을 하지 말도록
> 2. a) 18세기의 지긋 의사 마틴 반 바철(Martin van Butchell) 이 이것을 시도했다.
> b) 평균 의사 기용 뒤피트랑(Guillaume Dupuytren, 1777~1835)이 이 방법을 시도했는데(고파나이 원통이라고), 이 방법은 야사생이에게 통하지 않는다.

1840년대에 들어 수술은 조금 부드러워지기 시작했다……
아주 조금!

의식을 잃게 하기

미국 의사들은 마치 가스를 실험하기 시작했는데, 전해 오는 이야기에 따르면 첫 실험 대상이 된 환자는 앨리스 메이언이란 젊은 여성이었다고 한다. 1846년에 앨리스는 다리 절단 수술을 받았는데, 윌리엄 모턴(William Morton, 1819~1868)은 에테르 기체를 사용해 앨리스의 의식을 잃게 했다. 수술을 집도한 조지 헤이워드(George Hayward)는 앨리스가 깨어나자 이렇게 말했다.

★ 요건 몰랐을걸!

클로로포름 증기가 감각을 잃게 하는 성질이 있다는 사실을 처음 발견한 사람은 화학자 데이비드 월디(David Waldie, 1813~1889)였다. 월디가 외과의 제임스 심프슨(James Simpson, 1811~1870)에게 그 이야기를 들려주고는 자신의 실험실로 돌아와 보니 클로로포름이 다 타 버리고 없었다. 그 바람에 심프슨은 클로로포름 증기를 가지고 먼저 사람들 앞에서 그 효과를 보여 주어 영광을 가로챘고, 월디는 땅을 치고 후회했다. 이럴 때 고통을 덜어 주는 약품이 있으면 좋을 텐데!

남아 있는 작은 문제

곧 유럽 전역의 외과의들은 마취제를 사용하기 시작했고, 이제 고통 없는 수술 시대가 활짝 열린 것처럼 보였다. 병균이 득시글대는 그 끔찍한 수술실을 깜빡 잊었다면 그렇게 생각할 수도 있을 것이다. 환자들은 여전히 병원 감염 때문에 죽어 갔다 (그렇지만 이젠 좀 덜 고통스럽게). 병균에 관해서는 137쪽에서 좀 더 자세히 이야기할 것이다. 지금은 다시 병원으로 돌아가 보기로 하자.

병을 주는 병원

내멋대로 박사가 썰렁한 농담을 하나 한다.

병원에 가 본 적이 있는가? 아마도 그 병원은 깨끗하고 위생적이었을 것이다. 그러나 200년 전의 병원은 지옥이나 다름없었다.

페스트나 한센병(나병)에 걸린 사람은 받지 않습니다. 그러나 나머지 환자는 누구라도 환영하며, 나머지 사람에게 자신의 병과 벼룩을 실컷 옮길 수 있습니다.

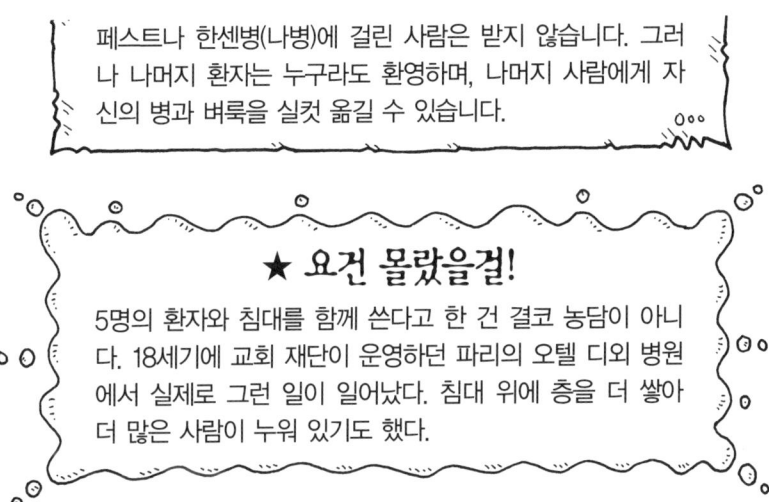

★ 요건 몰랐을걸!
5명의 환자와 침대를 함께 쓴다고 한 건 결코 농담이 아니다. 18세기에 교회 재단이 운영하던 파리의 오텔 디외 병원에서 실제로 그런 일이 일어났다. 침대 위에 층을 더 쌓아 더 많은 사람이 누워 있기도 했다.

18세기에는 이처럼 일반 병원들의 상태가 형편없었지만, 그래도 정신병원에 비하면 양반이었다. 당시는 의사들이 정신병이 왜 생기는지 전혀 감도 잡지 못하던 시절이었다. 병원의 위생 상태는 눈을 뜨고 볼 수 없을 정도였고, 환자를 치료하는 것 역시 말로 표현하기 어려울 정도였다.

시궁창 같은 병실과 잔인한 치료법

1. 파리의 살페트리에르 병원의 죄수들, 아 실수, 환자들은 더러운 강물이 차오르는 지하 감옥, 아 또 실수, 지하 병실에 갇혔다. 거기에 갇혀 있으면 멀쩡한 사람도 정신이 돌기 십상이었다. 심지어 시궁쥐에게 뜯어 먹히기까지 했다.

2. 그렇지만 런던의 병원들에 비하면 그곳은 고급 호텔이나 다름없었다. 베슬렘 병원에서는 제임스 노리스라는 불쌍한 남자가 15년 동안이나 사슬에 묶인 채 갇혀 있었다. 그건 아무것도 아니다. 베스널그린 정신병원에서는 한 여성 환자를 밧줄로

꽁꽁 묶어 돼지우리에 처넣기도 했다.

3. 여러분이 베슬렘 병원의 환자라면, 그곳에서 느낄 수 있는 유일한 즐거움은 냉담한 사람들이 돈을 내고 여러분을 구경하면서 웃어 대는 것이었다. 뭐, 어쨌든 그들은 그게 즐거웠겠지. 파리의 비세트르 병원에서는 환자들이 방문객을 위해 춤을 추어야 했다. 춤을 추지 않으면, 채찍질을 당했다.

4. 미국 의사 벤저민 러시(Benjamin Rush, 1745~1813)는 환자들을 다음과 같은 근사한 의자에 잡아 묶었다.

그들은 거기에 며칠이고 계속 앉아 있어야 했다.

5. 인기를 끈(어쨌든 의사들은 그것을 좋아했다) 또 한 가지 치료법은 환자를 뜨거운 물속에 담가 놓는 것이었다. 보온을 위해 범포로 만든 덮개까지 씌웠다. 그렇게 며칠 동안 뜨거운 물에 담갔다 건져 내면 환자는 기진맥진하여 손가락 하나 움직일 힘도 없었다.

6. 독일의 요한 크리스티안 라일(Johann Christian Reil, 1759~1813)을 비롯해 많은 의사들은 따끈한 목욕을 시켜 주는 것은 환자를 지나치게 호강시키는 것이라고 생각했다. 잔인한 라일은 가죽 채찍으로 환자들을 때리고, 얼음물 속에 집어넣었다. 생각만 해도 등골이 오싹해지지?

의사들은 환자를 위해 어쩔 수 없다고 생각했겠지만, 어쨌든 잔인한 것은 사실이었다. 여러분의 정신병원, 어 그러니까 학교는 이렇게 잔인한 곳이 아니길 빈다! 그렇지만 시간이 지나면서 모든 것이 조금씩 개선되어 갔는데, 몇몇 친절한 사람들의 노력 덕분이었다.

친절한 의사들

1793년, 프랑스 의사 필리프 피넬(Phillipe Pinel, 1745~1826)은 으스스한 비세트르 병원의 원장이 되었다. 피넬 역시 정신병에 대해서는 여느 의사와 마찬가지로 마땅한 치료법을 아는 게 없었다. 그렇지만 친절과 이성으로 환자를 대하면 제정신으로 돌아올 거라고 믿었다. 병원에 와서 많은 환자들이 사슬에 묶여 있는 걸 본 그는 환자들을 모두 사슬에서 풀어 주라고 했다. 그러자 일부 환자는 상태가 좋아졌다.

셰비뉴라는 남자는 10년 동안이나 사슬에 묶여 지내고 있었는데, 피넬은 그를 사슬에서 풀어 주었다. 당시에는 프랑스 대혁명이 진행되고 있었는데, 어느 날 폭도가 피넬을 혁명 반대파로 여겨 공격했다. 폭도가 피넬을 목매달아 죽이려는 찰나에 셰비뉴가 나타나 그들을 쫓아 보냈다. 그러게, 착하게 살면 언젠가 보답을 받는다니까!

여러분도 의사가 될 수 있을까?

여러분이 필리프 피넬이라고 상상해 보자. 프랑스 대혁명 때에는 많은 사람의 목이 잘려 나갔다. 한 재단사는 자기도 처형당할까 봐 불안에 떨다가 그만 미치고 말았다. 머리를 잃을까 봐 걱정하다가 머리가 돌아 버린 것이다. 자, 여러분은 어떻게 하겠는가?

a) 재단사에게 처형이 일어나는 장면을 여러 번 보여 주면서, "저것 봐요. 그렇게 끔찍한 건 아니죠?"라고 말한다.

b) 재단사에게 모든 사람에게 새 옷을 만들어 주라고 명령한다.

c) 의사들을 재판관으로 변장시켜 재단사를 재판하게 한 뒤, 무죄라고 선고하게 한다.

답: c) 이 재단사 정신 등이 돌아가 있었다. b)하지 달리 답은 사 람들만의 0.5점, 피넬은 이 재단사 새 옷만들어, 달리 돌게가 하였다.

영국에서는 윌리엄 튜크(William Tuke, 1732~1822)가 더 나은 정신병 치료법을 개발하는 데 앞장섰고, 미국에서는 친절한 도로시어 딕스(Dorothea Dix, 1802~1887)가 정신병 환자를 친절하게 다루어야 한다는 메시지를 널리 전파했다. 친절한 선생님도 있느냐고? 그렇다, 그런 선생님도 분명히 있다! 어쨌든 19세기의 정신병 환자들에게는 좋은 소식과 나쁜 소식이 있었다.

좋은 소식: 환자를 거칠고 가혹하게 다루던 방식이 사라졌다.

나쁜 소식: 전기 충격이나 냉수욕, 무분별한 수술(그 끔찍한 이야기는 156쪽을 보라)을 비롯해 끔찍한 치료법이 새로 개발되었다.

더 나쁜 소식: 평생 동안 정신병원에 갇혀 지낼 수도 있었다.

깜짝 퀴즈

다음 중 19세기에 영국에 살던 여성이 정신병원으로 끌려갈 이유가 될 수 있었던 것은?

a) 남편의 말에 복종하지 않는 것
b) 독서를 너무 좋아하는 것
c) 산책을 많이 하는 것

답: 믿어지지 않겠지만, 모두가 답이다! 더욱 기가 막히는 것은, 정작 정신병원의 환자들에게는 책을 읽거나 산책을 하는 걸 허용했다는 사실!

끔찍한 야전 병원

그렇지만 19세기의 정신병원도 역사상 가장 끔찍한 병원에 비하면 낙원이었다! 가장 끔찍한 병원이 뭐냐고? 바로 야전 병원이다! 전쟁 때에는 의료 물자가 부족하기 때문에, 어떤 병원도 끔찍한 곳으로 변할 수밖에 없다. 나폴레옹 전쟁 때인 1813년에 여러분이 프랑스군 병사로서 독일로 원정을 갔다고 상상해 보자.

영국, 프랑스, 터키 연합국과 러시아 사이에 벌어진 크림 전쟁(1854~1856) 때 스쿠타리에 있던 영국군 야전 병원의 상황

역시 말할 수 없이 비참했다. 불결한 바닥에는 벌레가 들끓었고, 잘린 팔다리를 개들이 씹고 있었다. 바로 이때, 플로렌스 나이팅게일(Florence Nightingale, 1820~1910)이 등장했다.

나이팅게일과 메리의 활약

웬만한 책에는 현대적인 간호를 플로렌스 나이팅게일이 시작했다고 나올 것이다. 그렇지만 이 책에서는 잘 알려지지 않은 영웅인 자메이카의 간호사 메리 시콜(Mary Seacole, 1805~1881)의 이야기도 하려고 한다. 두 사람은 딱 한 번 만났을 뿐이지만, 독자 여러분을 위해 이 자리에 함께 모셨다.

우리는 불결한 야전 병원을 깨끗이 청소하기 시작했어요.	나는 맨손으로 나름의 병원을 세웠지요.
독지가들이 내게 돈과 보급 물자를 많이 보내 줬어요.	내게는 아무도 보내 주지 않았어요.
나는 수백 명의 목숨을 구했지요.	나는 치명적인 설사병인 이질과 콜레라를 약초 요법으로 치료해 수백 명의 목숨을 구했어요.
부상당한 병사들은 나를 사랑했고, 내 그림자에 키스를 보냈지요.	부상당한 병사들은 나를 사랑했고, 나를 '엄마'라고 불렀어요.
나는 멍청하고 완고한 의사들을 참아 내야 했어요.	나는 포탄을 피해 가며 부상병을 구했지요. 포탄을 피하려고 참호 속으로 뛰어든 순간, 다시는 일어설 수 없었지요.
전쟁이 끝난 후, 사람들은 나를 영웅으로 칭송했지요.	전쟁이 끝난 후, 나는 전쟁때 쓴 비용을 갚지 못해 교도소에 갇혔어요.
정말 힘든 일이었어요.	난 훨씬 더 힘들었다고요!

많은 책에는 나이팅게일에게 어떤 일이 일어났는지 자세히 나온다.

전쟁이 끝난 후, 나이팅게일은 몸이 아파 40년 동안 고생했다. 그러나 그 어떤 것도 나이팅게일의 결연한 의지를 꺾지는 못했다. 나이팅게일은 기금을 모아 간호학교를 세웠고, 간호학에 관한 책도 썼다. 나이팅게일은 사람들에게 무엇을 어떻게 해야 하는지 가르치는 데 아주 뛰어난 재능이 있었다.

가장 우둔한 의사도 이러한 사실들은 잘 알고 있다. 그러나 이 놀라운 여성에 관한 진실을 제대로 알고 있을까?

나이팅게일에 관한 퀴즈. 참일까 거짓일까?

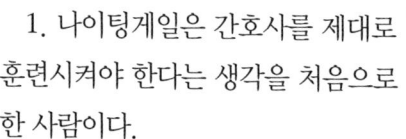

1. 나이팅게일은 간호사를 제대로 훈련시켜야 한다는 생각을 처음으로 한 사람이다.

2. 나이팅게일은 병원 바닥을 박박 문질러 닦느라고 손가락이 닳았다.

3. 나이팅게일 덕분에 병원의 환자 사망률이 크게 줄어들었다.

3, 4, 5번은 음….

4. 나이팅게일은 항상 램프를 들고 다녔다. 그래서 '램프를 든 여인' 혹은 '광명의 여인'이란 별명이 붙었다.
5. 나이팅게일은 항상 호주머니에 햄스터를 넣고 다녔다.

답:
모두 다 거짓이다!
1. 나이팅게일은 간호사를 체계적으로 훈련시킨 최초의 사람이 아니다. 예를 들면 독일에서는 1830년대에 테오도르 플리드너와 그 아내가 간호사들을 훈련시켰다. 러시아에서는 니콜라이 이바노비치 피로고프라는 의사가 간호사들을 훈련시켰다.
2. 나이팅게일은 더러운 일을 직접 하지 않았다. 그녀는 관리자였다. 나이팅게일의 언니는 심지어 나이팅게일이 간호사로서도 별로였다고 말했다. 그렇지만 자매간에는 늘 아웅다웅하는 법이니까.
3. 실제로는 사망자 수가 증가했다! 그 병원에는 더러운 하수구가 있어 거기서 병균이 증식했지만, 나이팅게일은 그곳을 깨끗이 청소하지 않았다. 게다가 당시 나이팅게일은 병균 때문에 병이 생긴다고 생각하지 않았다.
4. 나이팅게일은 램프를 들고 다니지 않았다. 나이팅게일이 들고 다닌 것은 터키식 군용 랜턴이었다.

5. 햄스터라고? 하하! 나이팅게일이 호주머니에 넣고 다닌 것은 애완용 올빼미였다. 나중에 나이팅게일은 고양이를 60마리나 길렀다. 고양이 먹이에만도 꽤 많은 돈을 썼을 것이다.

메리 시콜은 어떻게 되었을까?

메리 시콜이 감옥에 가게 되었다는 이야기까지 했지? 아마 여러분은 그 후 메리는 비참한 삶을 살았겠다고 생각할 것이다. 그러나 놀랍게도 메리의 인생은 극적인 반전을 맞이한다! 메리가 곤궁에 처했다는 소식이 퍼지자, 많은 사람들이 메리의 처지를 가슴 아프게 여겼다. 그녀를 위해 열린 자선 콘서트에는 수만 명이 몰렸다. 또 메리도 가만 있지 않았다. 자신이 살아온 인생을 책으로 썼는데, 그것이 베스트셀러가 되었다. 그 책 덕분에 메리는 그 후 행복하게 살 수 있었다.

오늘날 대부분의 사람은 메리 시콜이라는 이름을 잘 모르지만, 그녀는 나이팅게일만큼 세상에 널리 알려져야 마땅하다. 어려운 조건에서도 부상당한 병사들을 위해 헌신한 그 노력은 오히려 훨씬 높이 평가받아야 할 것이다.

청결에 신경을 쓰기 시작한 병원

나이팅게일 덕분에 19세기의 병원들은 122쪽에 나오는 끔찍한 병원보다 훨씬 깨끗해졌다. 그러나 아직도 성가신 문제가 여러 가지 남아 있었다.

19세기의 의사와 간호사는 '침대 요양'을 중요하게 여겼다. 이것은 환자를 몇 주일이고 침대에서만 지내게 하는 것이다. 어, 누가 나보고 좀 조용히 하라는데······.

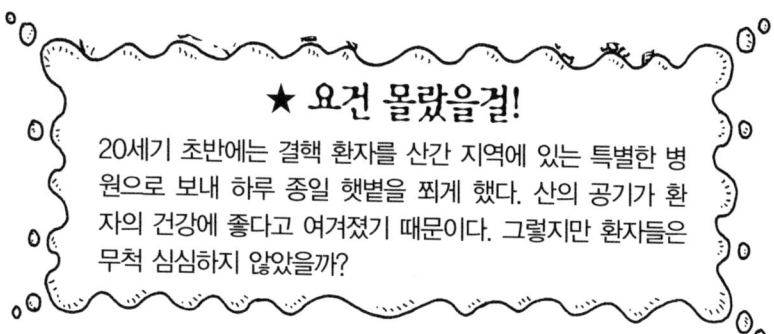

많은 질병이 병균 때문에 일어난다고 했지? 다음 장에는 많은 병균들이 나올 것이다. 병균들은 여러분을 무척 싫어하는 것 같다.

공포의 병균과 맞서 싸운 사람들

인간에게는 매우 고통스러웠던 시절이지만 병균에게는 환상적이었던 시절에서 이야기를 시작하기로 하자.

문제가 무엇인지 옛날의 상황을 자세히 들여다보기로 하자.

19세기의 불결한 거리

1. 빈민가에는 집들이 빽빽하게 늘어서 있었고, 사람들의 기침이나 재채기를 통해 결핵이 옮았다.
2. 더러운 식수에는 치명적인 콜레라균이 우글거리고 있었다.

위생 상태는 지옥만큼이나 끔찍했다. 공동묘지에는 치명적인 질병으로 죽은 사람들이 흙으로 살짝 덮인 채 묻혀 있었다. 그 밑에서 병균들은 밖으로 빠져 나가 활기찬 삶을 시작할 때를 기다리고 있었다.

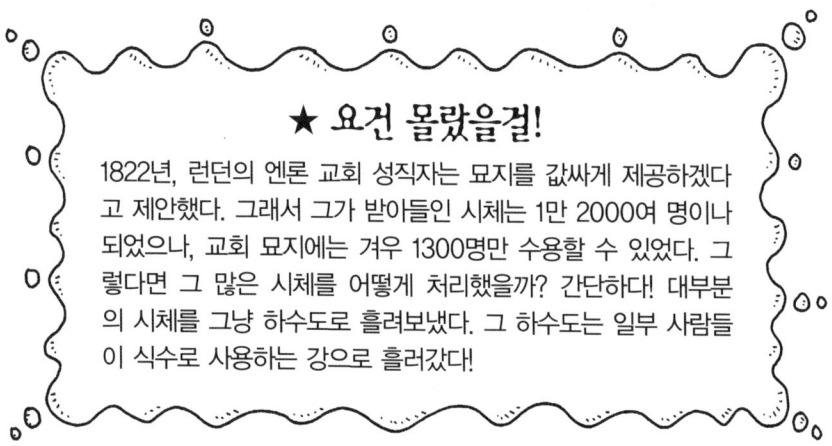

★ 요건 몰랐을걸!

1822년, 런던의 엔론 교회 성직자는 묘지를 값싸게 제공하겠다고 제안했다. 그래서 그가 받아들인 시체는 1만 2000여 명이나 되었으나, 교회 묘지에는 겨우 1300명만 수용할 수 있었다. 그렇다면 그 많은 시체를 어떻게 처리했을까? 간단하다! 대부분의 시체를 그냥 하수도로 흘려보냈다. 그 하수도는 일부 사람들이 식수로 사용하는 강으로 흘러갔다!

환자들은 대도시의 병원으로 몰려들었다. 그러나 이 시절의 병원은 병을 낫게 해 주는 장소가 아니라, 오히려 악화시키는 장소였다.

환자들은 감염으로 죽어 갔지만, 의사들은 감염에 대해 아는 게 전혀 없었다. 의사들이 감염에 대해 알고 있던 지식은 우표 뒷면에다 요약할 수 있는데, 그것은 다음과 같다.

그러나 이 암울한 시대에 암울한 한 병원에서 한 헌신적인 의사가 놀라운 발견을 했다. 그러나 그 발견은 그를 파멸로 몰고 갔다. 그의 이름은 이그나즈 제멜바이스(Ignaz Semmelweiss, 1818~1865)였다. 그럼, 그가 쓴 비밀 일기를 살짝 엿보기로 하자. 진짜 그가 쓴 것이 맞느냐고? 그래, 솔직히 말하면 순전히 꾸며 낸 것일 수도 있다.

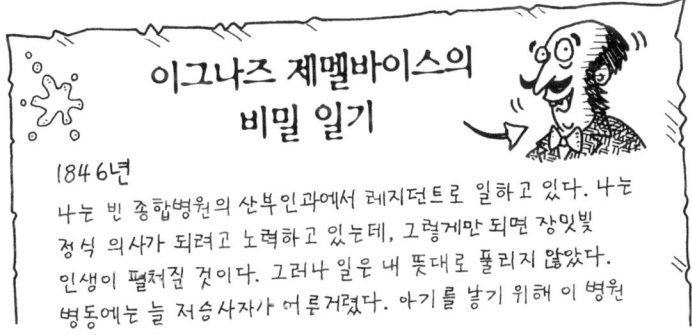

을 찾아온 여성 중 많은 수가 산욕열로
죽어 가고 있다. 온몸이 부스럼투성이가
되고, 심한 열이 나고, 여기저기서
고름이 나온다. 도대체 무엇이
내 환자들을 죽이는 것일까?

몇 달 뒤…
한 병동이 다른 병동보다 상태가 훨씬 더 나빴다. 이 병동은
의과 대학생들이 실습을 하는 곳이다. 여성들은 제발 그 병동으로
보내지 말아 달라고 애원을 한다. 그곳에서는 세 명당 한 명꼴로
사망한다. 의과 대학생들은 해부를 한 뒤에 곧장 그곳으로 가서
출산을 돕는다. 동료 의사들은 음식이나 공기나 꽃이 원인이 아닐까
생각하지만, 강아지 풀 뜯어먹는 소리로밖에 들리지 않는다.

그것은 한 병동이 다른 병동에 비해 유별나게
사망률이 높은 이유가 될 수 없다. 내 생각엔
실습생들의 불결한 손을 통해 병이 옮는 것
같다. 그렇지만 왜, 그리고 어떻게 그런 일이
일어나는 걸까?

지저분한 실습생

1847년
내 친구인 야코프 콜레츠카가 죽었다. 그는 해부를 하다가 그만
손을 베고 말았다. 그러고 나서 병에 걸렸는데, 산욕열과 비슷한
증상을 보였다. 내 생각엔 손의 상처를 통해 시체에서 병균이
옮은 것 같다. 그 후, 나는 학생들에게 반드시 손을 깨끗이 씻게
하고 있다. 나는 매일 표백분 용액이 담긴 대야를 들고 그 병동
입구에 서서 학생들에게 더러운 손을 깨끗이 씻게
한 뒤에 통과시킨다. 살갗은 좀 따끔거리겠지만,
나는 이것이 병균을 없애 준다고 믿는다. 학생들은
손 씻는 걸 별로 달가워하지 않는다. 나는 인명을
구하기 위한 것이라고 호소하지만, 그들은 시큰둥
한 반응을 보인다. 내가 강요하니까 할 수 없이
손을 씻을 뿐이다.

아, 따가워!

> 1848년
> 성공이다! 산욕열 때문에 죽어 가는 사람의 수가 크게 줄어들었다! 학생들의 손을 씻게 한 것이 병이 번지는 것을 막았다. 그러나 책임자인 클라인 교수는 내 생각에 동의하지 않는다. 내가 성공할까 봐 시샘이 나서 그러는 거겠지만, 그가 책임자니 내가 함부로 대들 수도 없다. 아, 이제 어떻게 해야 하나? 나는 머리를 쥐어뜯었지만, 남은 머리카락도 얼마 없다!

제멜바이스가 어떻게 할 수 있는 방법은 전혀 없었고, 그는 1849년에 병원에서 쫓겨나고 말았다. 지저분한 학생들은 다시 이전의 불결한 습관으로 되돌아갔고, 다시 많은 여성들이 산욕열로 죽어 갔다.

제멜바이스는 헝가리의 한 병원에서 일자리를 얻었다. 이곳에서 그는 다른 의사들에게 손을 씻게 함으로써 많은 인명을 구했다. 그런데 그때부터 그는 다소 이상한 행동을 보이기 시작했다. 자신의 생각을 책으로 썼는데, 거기에는 반복되는 구절과 다른 의사를 모욕하는 표현이 많이 들어 있었다. 다른 의사들은 그의 주장뿐만 아니라 제멜바이스도 미쳤다고 생각했다.

1865년 제멜바이스는 정신병원에 갇혔다. 그 다음에 일어난 일은 아무도 모른다. 어떤 사람은 제멜바이스가 마지막 수술 때 손가락을 베였다고 말한다. 또 다른 사람은 그가 정신병원에서 심하게 두들겨 맞고 묶여 지냈다고 한다. 확실한 것은 제멜바이스가 병균에 감염되어 2주일 뒤에 죽었다는 사실이다. 그토록 열심히 맞서 싸우려고 노력했던 바로 그 죽음의 병균에게 죽고 만 것이다.

14년 뒤 파리……

한 의학 회의에서 한 의사가 발표를 하고 있었다. 그는 제멜바이스의 주장을 경멸하듯이 비판하면서 자신이 생각한 산욕열의 원인을 설명했다. 그러나 그때, 한 과학자가 일어서더니 그의 주장이 틀렸다고 주장했다(어쨌든 전해 오는 이야기에 따르면 그렇다).

그 과학자의 이름은 바로 루이 파스퇴르(Louis Pasteur, 1822~1895)였다. 그는 현미경으로 병균을 발견했다고 확신했다. 오늘날 우리는 제멜바이스의 주장이 옳다는 걸 알고 있다. 불결한 손으로 수술을 하던 섬뜩한 의사들은 잊힌 지 오래지만, 제멜바이스의 이름은 길이 기억되고 있다.

그런데 파스퇴르가 병균에 대한 연구를 하기 전에(심지어 제멜바이스가 그것에 대해 알지 못하고 죽기 이전에도) 병균이 질병을 옮긴다는 증거가 하나 둘씩 쌓이고 있었다. 그럼 병균을 살인 혐의로 법정에 세워 보자.

심판의 시간

20세기에 접어들면서 의학은 완전히 정식 과학 분야로 자리를 잡았고, 열정적인 의사들이 치명적인 병균을 찾아내기 위해 구석구석을 뒤지기 시작했다. 그리고 질병을 예방하는 강력한 무기도 개발했다.

으스스한 의학에 관한 진상 조사 X-파일

이름: 백신 접종

기초 사실: 1. 88쪽에 나왔던 터키 할머니들 기억나는가? 무시무시한 천연두 환자의 고름을 멀쩡한 사람의 팔에다 찔러 대던 할머니들 말이다. 백신은 이것과 똑같은 것을 조금 더 세련되게 만든 것뿐이다. 그러니까 죽은 병균이나 약하게 만든 병균을 몸속에 집어넣어 몸에 면역이 생기게 하는 것이다. 몸속의 백혈구가 그것에 대항하는 법을 익혀서 기억하고 있다가, 다음번에 진짜 병균이 들어오면 손쉽게 물리칠 수 있다.
2. 최초로 성공을 거둔 백신은 1796년 영국의 에드워드 제너(Edward Jenner, 1749~1823)가 개발했다. 그는 우두 환자의 고름을 이용해 천연두 백신을 만들었다.
3. 얼마 지나지 않아 백신은 많은 사람의 목숨을 구하기 시작했다. 의사들이 병균에 대해 제대로 알기도 전에.

으스스한 사실: 소가 걸리는 질병인 우두는 원래는 말이 걸리던 병이었다. 그것이 사람을 통해 소에게 전파된 것이다.

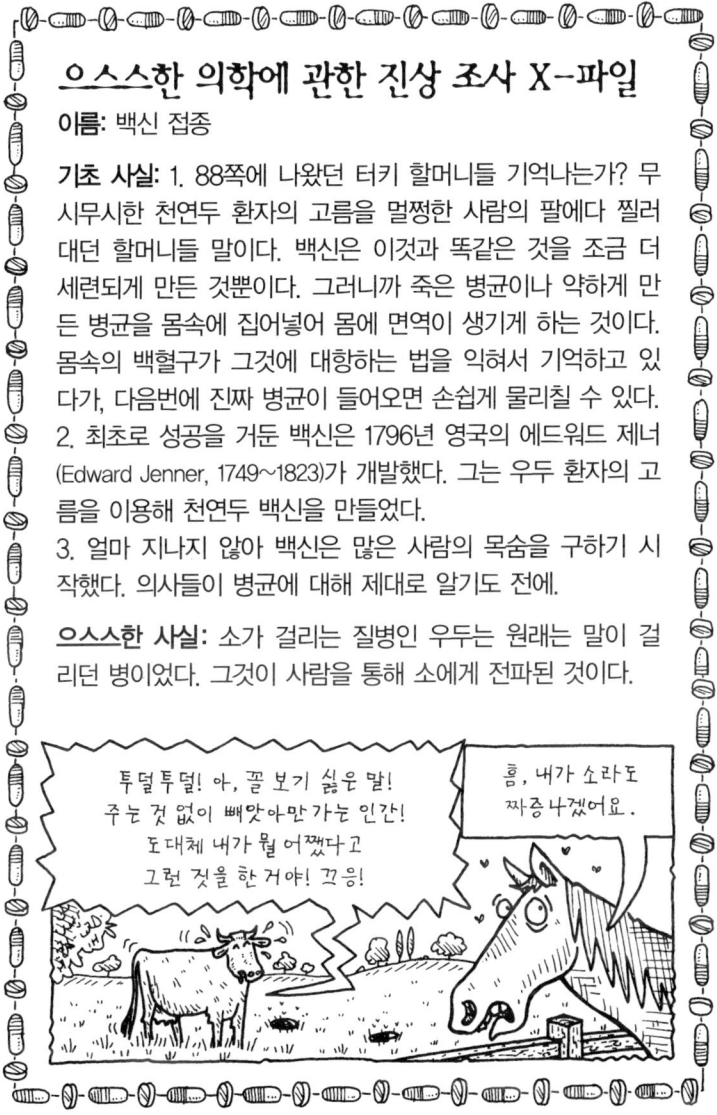

백신에 관한 깜짝 퀴즈

1803년, 백신을 만들기 위해 우두를 유럽에서 남아메리카로

실어 갔다. 그런데 이 질병은 살아 있는 동물을 통해서만 무사히 살아남을 수 있었다. 어떤 동물을 태워 갔을까?

a) 소
b) 말
c) 어린이

답: c) 어린이가 아니라 소다. 살아 있는 숙주에 머무르지 않으면 병균은 말라 죽기 때문에 천연두 환자에게 짜낸 물집을 소에게 발랐다. 소도 병에 걸리지만, 그 뾰루지는 아이들에게 옮기지 않는다. 그러고 나서 옮긴 농포를 다시 사람에게 접종하는 방법으로 질병이 퍼지지 않았다.

한편, 끔찍한 병원에서는……

의사들은 병균이 질병을 옮긴다는 개념을 받아들이기 시작했다. 그렇지만 병균을 박멸하려면 어떻게 하는 게 가장 좋을까? 1865년, 제임스 그린리스라는 소년이 글래스고 왕립 병원에 누워 있었다. 소년은 말할 수 없는 통증에 시달리고 있었는데, 유일한 희망은 변기 세정제였다. 담당 의사인 조지프 리스터(Joseph Lister, 1827~1912)가 그것으로 소년을 치료하려고 했다. 이것은 또 하나의 끔찍한 의료 사고를 낳는 게 아닐까?

환자 진료 기록
조지프 리스터 씀

나이: 11세

진단: 건초를 가득 실은 수레에 다리가 깔려 뼈가 심하게 부러졌다.

예후: 필연적으로 감염이 일어날 것이고… 얼마 후 죽을 것이다. 다리를 잘라 내면 감염을 막을 수는 있다. 그렇지만 절단이 오히려 감염을 일으킬 수도 있다! 설사 살아남는다 하더라도 평생 불구로 살아가면서 자신의 신세를 한탄하게 될 것이다.

치료 계획: 나는 루이 파스퇴르의 미생물 연구에 관한 글을 읽었다. 그러다가 혹시 석탄산이 병균을 죽일 수 있지 않을까 하는 생각이 떠올랐다. 석탄산은 하수구를 깨끗이 청소하는 데에도 효과 만점이지 않은가! 나는 제임스의 다리를 석탄산으로 깨끗이 씻은 다음, 석탄산에 적신 붕대를 감으려고 한다. 그리고 부목을 대어 부러진 뼈가 들러붙는 걸 도울 것이다. 그렇지만 이건 큰 도박이나 마찬가지다. 과연 효과가 있을까?

6주일 뒤: 제임스가 두 발로 걸어 다니고 있다! 성공이다! 부러진 뼈는 완전히 나았고, 제임스는 다리를 절며 걷지 않아도 된다. 너무 기쁜 나머지 나도 펄쩍펄쩍 뛰었다!

리스터의 치료법은 엄격한 검증을 통과했지만, 그는 거기서 멈추지 않았다. 석탄산을 공중에 살포하는 기계를 설계했을 뿐만 아니라, 다른 살균제도 시험했다. 그렇지만 문제가 하나 있었다. 그 문제를 다른 외과의의 관점에서 한번 바라보자.

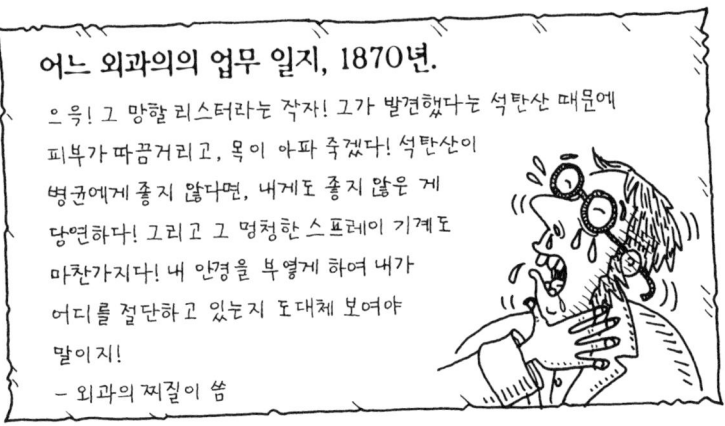

어느 외과의의 업무 일지, 1870년.

으윽! 그 망할 리스터라는 작자! 그가 발견했다는 석탄산 때문에 피부가 따끔거리고, 목이 아파 죽겠다! 석탄산이 병균에게 좋지 않다면, 내게도 좋지 않은 게 당연하다! 그리고 그 멍청한 스프레이 기계도 마찬가지다! 내 안경을 부옇게 하여 내가 어디를 절단하고 있는지 도대체 보여야 말이지!
– 외과의 찌질이 씀

1889년, 돈 많고 똑똑한 윌리엄 스튜어트 홀스테드(William Stewart Halsted, 1852~1922)라는 미국인 외과의가 새로운 종류의 수술을 시도하기 시작했다. '무균 수술'이라 부르는 것이었다. 이 수술의 장점은 수술 도중에 병균을 죽이는 것에 대해 신경을 쓸 필요가 없다는 데 있었다. 왜냐하면, 처음부터 수술실 안에 병균 자체를 아예 들이지 않는 방법이기 때문이다.

내멋대로 박사가 무균 수술 시범을 보여 주기 위해 나섰다.

내멋대로 박사의 무균 수술 시범

무균이란 말 그대로 '병균이 없다'는 뜻이야. 그리고 '멸균'은 '병균을 없앤다'는 뜻이고. 나는 항상 멸균 비누로 손을 깨끗이 씻고, 멍청한 환자에게도 똑같이 하게 하지. 손이 따끔거린다고 불평하지만, 난 들은 척도 안 해.

빨리 좀 해요, 박사님!

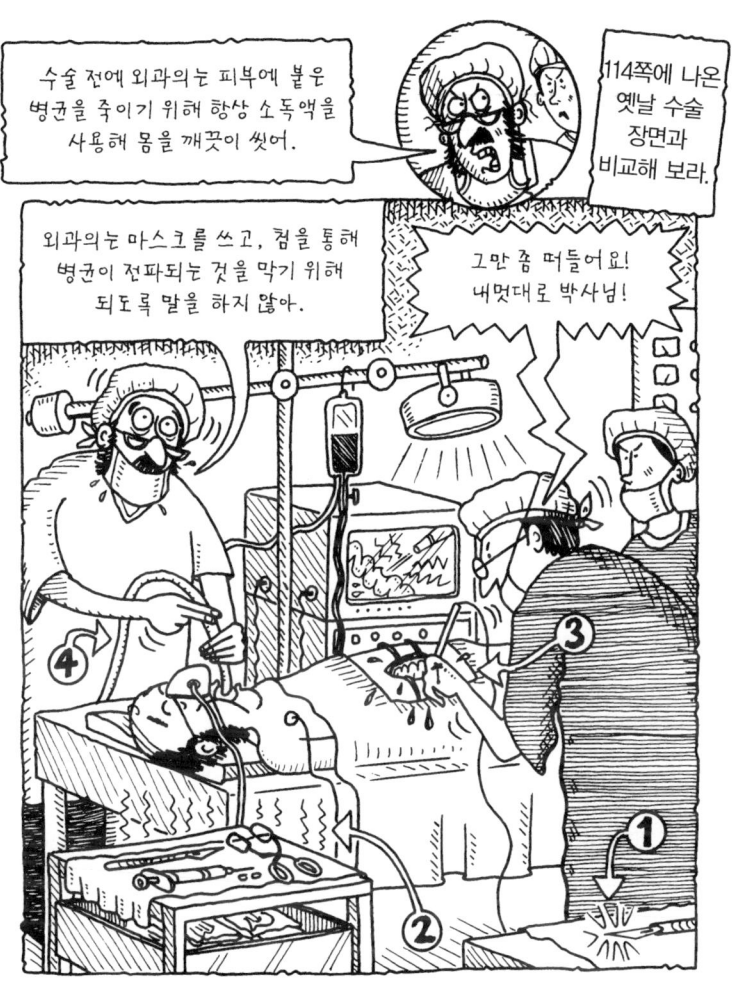

1. 일회용 날이 달린 메스. 수술이 끝난 뒤에 버린다. **2.** 수술 도구들은 초고온 증기를 쐬어 멸균한다. **3.** 오늘날에는 레이저를 사용한 수술도 하는데, 레이저는 빛으로 만들어졌기 때문에 병균이 전혀 없다! **4.** 내시경(신체 내부의 모습을 화면으로 보여 주는 유연한 관). 웬만한 텔레비전 프로그램보다 재미있다.

병균이 전혀 없는 수술실은 야심만만한 수술을 하기에 최적의 조건을 제공했고, 곧 외과의들은 위와 신장, 창자 등을 끄집어내기 시작했다. 그러나 일부 외과의는 흥분한 나머지 제자리에 있어야 좋을 것들까지 마구 끄집어냈다.

〈의학이 으악으악〉에서 제공하는
정신 나간 수술!

코튼 박사 씀

정신이 살짝 이상하다고요? 그것은 모두 이와 편도선과 창자에 사는 병균이 만든 독 때문이랍니다. 그렇지만 걱정하지 마세요. 미국의 유명한 의사 헨리 코튼이 그것들을 순식간에 제거해 줄 테니까요.

20세기에 헨리 코튼(Henry Cotton)은 1400여 명이나 되는 사람의 몸에서 멀쩡한 신체 부위를 떼어 냈다. 그 사람 중 3분의 1은 죽고 말았다.

늘 그랬듯이 외과의들은 잘못된 일을 하고 있으면서도 올바른 일을 하고 있다고 생각했다. 그러나 이것이 현대에 일어난 유일한 의학적 실수는 아니다. 다음 장에서 그런 사례를 더 많이 만나게 될 것이다!

의학의 기적과 실패

살아오면서 마치 롤러코스터를 타는 것처럼 좋은 일과 나쁜 일이 겹쳐서 닥치는 날을 경험한 적이 있는가? 현대 의학이 바로 그랬다. 놀라운 성공이 있었는가 하면, 치명적인 실패도 있었다.

현대 의학의 경이로운 업적

1895년 독일 과학자 빌헬름 뢴트겐(Wilhelm Röntgen, 1845~1923)이 X선을 발견했다.

1916년 선구적인 성형외과 의사 해럴드 길리스(Harold Gillies, 1882~1960)가 환자에게 성형 수술을 했다. 성형 수술이란 사고나 선천적 기형으로 인해 변형되거나 보기 흉한 신체 일부를 보기 좋게 고치는 수술을 말한다.

1930년대 독일 과학자들이 화학적 살균제를 개발했다. 그 중 상당수가 염료를 주성분으로 하여 만들어졌다.

1928년 알렉산더 플레밍(Alexander Fleming, 1881~1955)이 항생제를 발견했다. 병균에게는 불행한 소식이었지만, 사람에게는 다행한 소식이었다.

1954년 최초의 신장 이식 수술이 성공했다. 신장이라면 키를 말하는 거냐고? 천만에! 콩팥을 말한다.

1961년 최초의 인공 고관절 이식 수술이 성공했다.

1967년 크리스티안 바너드(Christiaan Barnard, 1922~2001)가 최초의 심장 이식 수술을 했다.

1977년 최초의 MRI(자기공명영상) 촬영이 행해졌다.

의학의 기적: 놀라운 X선

이 고에너지 광선은 살은 뚫고 통과하지만 뼈는 통과하지 못한다. 그래서 X선으로 뼈 사진을 찍을 수 있다. X선 사진은 부러진 뼈나 몸속에 박힌 총알을 찾아내는 데 아주 이상적이다.

아찔한 실패: 위험한 광선

X선은 몸에 해로우며, 많은 양을 쬐면 목숨이 위험할 수도 있다. 그러나 20세기 초에 의사들은 여드름이나 반점을 없애거나 요통을 치료하기 위해 X선을 마구 쏘아 댔다. 그들은 그것이 환자를 치료해 준다고 생각했지만, 실상은 수많은 환자가 심한 손상을 입었으며, X선을 다루던 기술자도 수십 명이나 사망했다.

X선은 지금도 사용되고 있지만, 환자의 건강을 해치지 않도록 소량만 쬐어 준다. 큰 병원에는 MRI 장비도 있다. 이 경이로

운 기계는 전파와 강력한 자석을 사용해 신체 내부의 모습을 3차원 컴퓨터 화상으로 보여 준다. 정말 놀랍지?

의학의 기적: 경이로운 초수술

20세기에 들어 수술은 갈수록 더욱 발전해 갔다.

〈의학이 으악으악〉에서 제공하는

초수술 현장 답사

저희 장기 이식 병원을 방문해 보세요! 여러분의 낡은 장기를 근사한 새 것으로 싹 바꿔 보는 게 어때요? 완전히 새로운 심장, 간, 신장, 골수 등 여러분이 원하는 장기가 모두 갖추어져 있습니다! 새 장기로 갈아 끼우고 나서 만족을 표시한 고객만 해도 수만 명이나 된답니다! 사실, 우리에게 장기 이식을 받은 고객은 누구나 만족하지요. 단, 장기 기증자는 빼고요. 그들은 대개 이 세상 사람이 아니지요!

좀 더 특별한 것을 원한다면!

만약 여러분이 원하는 장기가 없다면, 대신에 인공 장기를 사용할 수 있습니다. 인공 고관절과 그 밖의 관절을 비롯해

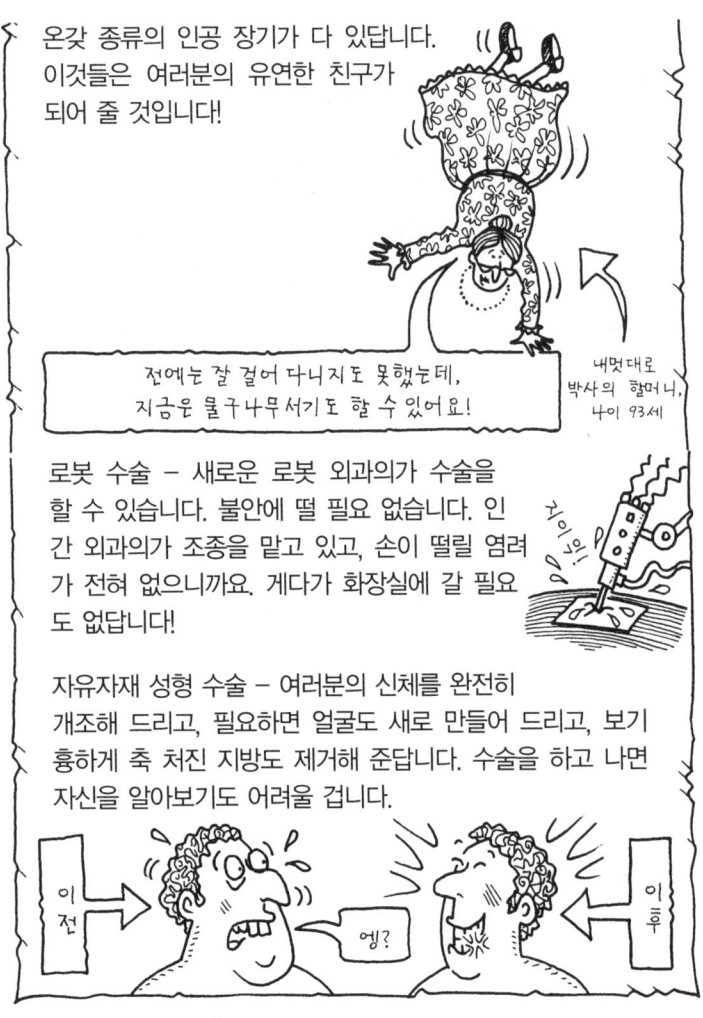

온갖 종류의 인공 장기가 다 있답니다.
이것들은 여러분의 유연한 친구가
되어 줄 것입니다!

전에는 잘 걸어 다니지도 못했는데, 지금은 물구나무서기도 할 수 있어요!

내멋대로 박사의 할머니, 나이 93세

로봇 수술 – 새로운 로봇 외과의가 수술을 할 수 있습니다. 불안에 떨 필요 없습니다. 인간 외과의가 조종을 맡고 있고, 손이 떨릴 염려가 전혀 없으니까요. 게다가 화장실에 갈 필요도 없답니다!

자유자재 성형 수술 – 여러분의 신체를 완전히 개조해 드리고, 필요하면 얼굴도 새로 만들어 드리고, 보기 흉하게 축 처진 지방도 제거해 준답니다. 수술을 하고 나면 자신을 알아보기도 어려울 겁니다.

아찔한 실패: 수술의 악몽

너무 꿈같은 이야기라서 믿을 수가 없다고? 그렇지만 외과의들은 정말로 놀라운 수술을 할 수 있다. 예를 들면 21세기에 들어 외과의들은 환자들에게 인공 심장을 이식하고, 죽은 사람에게서 떼어 낸 성대를 살아 있는 사람에게 이식했다.

2001년 프랑스에서 한 남자가 수술을 받았다. 별로 특별한 수술은 아니었지만, 수술을 담당한 외과의는 미국에 있었고, 실제 수술은 원격 조종되는 제우스라는 로봇이 담당했다!

그러나 끔찍한 의료 사고가 일어날 가능성은 언제나 존재한다.

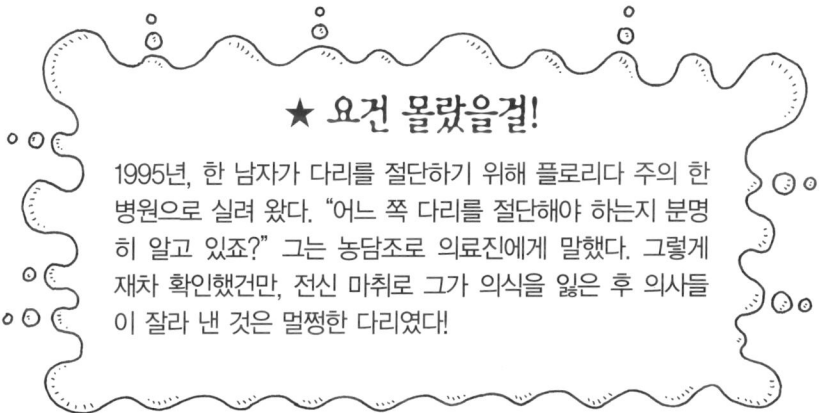

★ 요건 몰랐을걸!

1995년, 한 남자가 다리를 절단하기 위해 플로리다 주의 한 병원으로 실려 왔다. "어느 쪽 다리를 절단해야 하는지 분명히 알고 있죠?" 그는 농담조로 의료진에게 말했다. 그렇게 재차 확인했건만, 전신 마취로 그가 의식을 잃은 후 의사들이 잘라 낸 것은 멀쩡한 다리였다!

설사 의사들이 수술에서 실수를 하지 않는다 하더라도, 옛날에는 수술이 매우 잔인하고 불필요한 경우도 많았다. 150쪽에서 불필요한 수술을 본 게 기억나는가? 여기에 몇 가지를 더 소개한다.

무분별한 뇌수술

많은 외과의들은 수술로 정신병을 치료할 수 있다고 믿었다. 그러나 실제로는 전혀 효과가 없는 경우가 많았다.

미국의 일부 외과의는 환자의 두개골을 열어 뇌에다 전기 충격을 주었다. 뇌는 전기 충격을 받으면서 지지직거리고 탁탁거렸다.

제임스 포픈(James Poppen, 1903~1978)이라는 미국 외과의는 '스파게티가 든 통에 진공청소기를 담그는 것'과 비슷한 수술을 했다. 포픈은 튀긴 뇌를 뽑아 내고 있었던 것일까? 스파게티 좋아하는 사람?

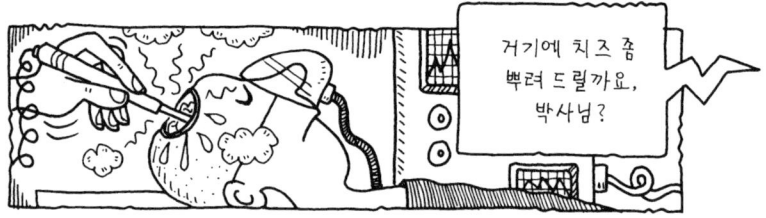

그러나 당시에 가장 유명한 뇌수술 외과의는 미국의 월터 프리먼(Walter Freeman, 1895~1972)이었다. 프리먼의 수술은 너무나도 징그러운 것이어서 이 책처럼 품위 있는 책에서는 차마 말할 수가 없다.

그래도 그게 뭔지 궁금하다고? 음, 말해 주지 않으면 책을 계속 읽지 않겠다고? 정 그렇다면야 할 수 없지. 그렇지만 난 분명히 경고했다.

내가 한 놀라운 뇌수술
월터 프리먼 씀

중요한 사실: 환자에게는 마취제나 진통제가 필요 없다. 두 눈을 멀쩡히 뜬 채 자기 뇌를 잘라 내는 걸 볼 수도 있다.

1. 눈알에서 눈꺼풀을 까뒤집는다.

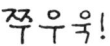 

2. 얼음 깨는 송곳을 환자의 눈구멍 가장자리로 쑤셔 넣는다.

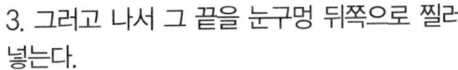

3. 그러고 나서 그 끝을 눈구멍 뒤쪽으로 찔러 넣는다.

4. 이번엔 망치를 들고 와서… 송곳 끝을 뼈를 뚫고 뇌 속으로 들어가게 박아 넣는다.

5. 송곳을 앞뒤로 움직이면서 뇌를 자른다.

6. 환자에게 선글라스를 쓰라고 말한다.

여러분의 건강을 위한 경고!

이 수술을 동생이나 애완동물에게 시도할 생각일랑 절대로 하지 말 것! 그런 건 정말 무뇌아나 하는 짓이다! 이 경고를 무시한다면, 나머지 인생을 감방에서 보내야 할지도 모른다!

그 수술은 효과가 있는 것처럼 보였다. 환자들은 더 이상 정신병 증상을 보이지 않았다. 그렇지만 더 이상 개성이나 감정도 없는 것처럼 보였다. 프리먼은 처음에는 스타 의사로 칭송받았지만, 얼마 지나지 않아 의사들이 그를 비난하고 나섰다. 1967년 그는 한 여성 환자에게 세 번째로 얼음 깨는 송곳을 들이댔다. 그러나 그 여성 환자는 사망하고 말았고, 그는 더 이상 수술을 하지 말라는 처벌을 받았다.

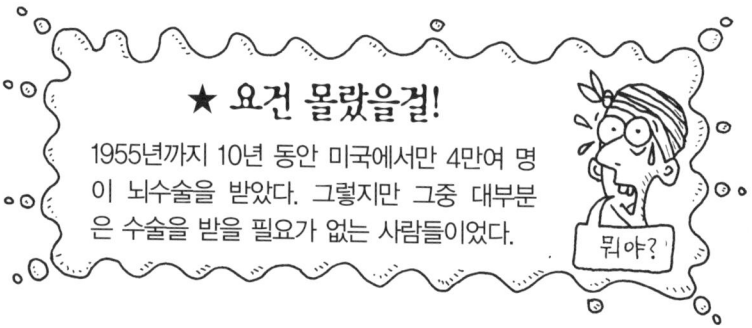

★ 요건 몰랐을걸!
1955년까지 10년 동안 미국에서만 4만여 명이 뇌수술을 받았다. 그렇지만 그중 대부분은 수술을 받을 필요가 없는 사람들이었다.

뭐야?

의학의 기적: 기적의 약

치명적인 병균과의 싸움은 20세기 내내 계속되었는데, 시간이 지나자 의사들은 강력한 신무기를 발견하게 되었다.

처음에는 병균을 죽이는 화학 물질이 발견되었다. 유명한 것 중 하나는 프로톤실이라는 빨간색 염료였다. 1932년에 게르하르트 도마크(Gerhard Domagk, 1895~1964)라는 독일 과학자가 프로톤실이 세균을 죽이는 성질이 있음을 발견하고, 생쥐를 대상으로 실험을 했다. 그런데 마침 그때 그의 딸인 힐데가르트가 패혈증에 걸렸다. 힐데가르트는 새로 개발된 프로톤실로 생명을 구한 최초의 사람이 되었다. 프로톤실의 효과는 탁월했으나, 환자의 피부를 분홍색으로 변하게 하는 부작용이 있었다.

그 다음에 항생제가 나왔다. 항생제는 프로톤실보다 살균 능력이 훨씬 강한 약이었다. 여러분이 훌륭한 의사가 되고 싶다면, 이 놀라운 약들에 대해 속속들이 알고 있어야 한다.

으스스한 의학에 관한 진상 조사 X-파일

이름: 항생제

기초 사실: 1. 항생제는 곰팡이나 세균이 만든 물질로, 병균을 죽이는 능력이 있는 물질을 말한다.

2. 최초로 개발된 항생제는 페니실린이다. 엉? 그건 알고 있다고? 어떻게 알았지? 어쨌든 그 후에도 많은 종류의 항생제가 개발되었다.

으스스한 사실: 대부분의 과학자는 알렉산더 플레밍의 연구를 무시했고, 그의 연구는 거의 잊혀질 뻔했다. 그런데 항생제에 관련된 실수는 이것뿐만이 아니었다.

아찔한 실패: 병균의 반격

내멋대로 박사가 병균에 관한 나쁜 소식이 있다고 한다.

아, 됐어요, 내멋대로 박사! 다행히도 전 세계의 수많은 제약 회사에서 새로운 항생제를 계속 개발하고 있다.

의학의 기적: 강력한 약

오늘날 제약 산업은 병균을 없애고 병의 증상을 완화시키기 위해 효과가 훨씬 뛰어난 약을 개발하고 있다. 그러나 일부 신약은 우리의 건강에 위험한 것으로 밝혀졌다.

아찔한 실패: 수면제 탈리도마이드

여러분이 미국 의사 프랜시스 켈시라고 상상해 보라. 때는 1961년이고, 첫 직장인 FDA(미 식품의약국)에서 일하고 있다. 여러분은 새로 개발된 수면제의 안전성을 검사해야 한다. 이 약은 겉보기에는 별 이상이 없어 보이지만, 신경에 해를 끼친다는 보고가 들어오고 있다.

깜짝 퀴즈

여러분이라면 어떻게 하겠는가?

a) 약의 사용을 금지시킨다.
b) 더 많은 정보를 요구한다.
c) 자신의 몸에 그 약을 시험한다.

> 답: b) 발신은 둘 중 더 자세한 내용응답을 요구하였다. 제 약신은 곧 그 이약이 엄청난 강이다. 그 알 1000여 명의 사람들이 약을 복용에 대해 평범한 도이지만 끼쳤다. 세 계의 사람들 모두 사람이나 짚고 의아들어 울분을 해결하러시 의약품을 사람이 했다. 계세의로 지금까지 안문 는 병을 얻고 내버려두기를 약들은 거쳐 완성했다.

사실, 탈리도마이드는 태아에게 심각한 영향을 미친다. 마침내 이 약의 부작용이 알려지자, 프랜시스 켈시는 영웅으로 칭송받았다.

탈리도마이드의 부작용

불행하게도 탈리도마이드는 미국 밖에서 광범위하게 판매되었고, 이 약을 복용하고 기형아를 낳은 임산부가 전 세계에서 1만 명이 넘었다. 이 아이들 앞에는 고통스럽고 불확실한 삶이 기다리고 있었다.

테리는 영국에서 태어난 탈리도마이드 기형아다. 테리는 팔과 다리가 하나도 없고, 눈도 한 개뿐이다. 어머니는 테리를 버렸고, 테리는 특수학교에서 살았다.

테리가 9세 때 레너드 와일스와 헤이절 와일스라는 노부부가 테리를 입양했다. 레너드는 부자는 아니었지만, 테리가 좀 더 편히 살아가도록 하기 위해 휠체어를 들어 올리는 장치 같은 것을 만드는 데 돈을 아끼지 않았다. 테리는 이렇게 말했다.

"나는 내 인생을 굴곡과 평탄한 곳이 섞여 있는 끝없는 길이라고 묘사하고 싶어요. 때로는 평탄한 길을 걸어가다가 어느 순간엔 슬픈 장애물에 부닥치곤 하죠……. 그러다가 나를 사랑해 주는 부모님을 만났는데, 두 사람은 내 여행을 끝나게 하고, 인생의 장애물에 대해 나를 보호해 주었습니다. 아버지는 나름의 선구자라 할 수 있는데, 나와 신체적 장애가 있는 다른 어린이들이 정상적인 삶을 살아가도록 도와주는 기계를 발명하기 때문이죠."

테리는 17세 때 대학에 들어가 공부를 할 수 있게 되었다. 테리는 전자 오르간을 연주하고, 이야기를 쓸 뿐만 아니라, 많은 일을 할 수 있다. 탈리도마이드 기형아로 태어난 다른 아이들도 대학에 들어갔다. 그들은 운동을 하고, 운전 면허를 땄고, 어른이 되자 결혼을 하여 건강한 아이를 낳았다.

현대 의학의 역사에는 기적 같은 이야기가 많다. 그러나 무엇보다도 놀라운 기적은 온갖 역경을 딛고 스스로 일어서는 사람의 능력이다.

먼 옛날부터 시작하여 으스스한 의학이 걸어온 길은 현재에까지 이르렀다. 그렇다면 의학의 미래는 어떤 것이 될까? 그 미래는 건강한 것일까, 아니면 멀미 봉지를 준비해야 할까?

끝맺는 말: 건강한 미래

현재의 의학에 관한 모든 정보를 〈의학이 으악으악〉에서 보유하고 있는 슈퍼컴퓨터에 집어넣었더니 다음과 같은 결과가 나왔다.

다음 100년 동안 일어날 의학의 발전 예상

- 병균과의 전쟁은 영원히 계속될 것이다. 우리는 결코 병균을 박멸할 수 없을 것이고, 병균 또한 우리를 전멸시키지 못할 것이다.
- 의학 덕분에 사람의 수명이 더 길어지겠지만, 노화 때문에 찾아오는 질병을 더 많이 앓게 될 것이다.
- 의사들은 새로운 치료법을 계속 개발할 것이다. 미래가 유망해 보이는 한 분야는 유전자 요법이다.
- 일부 의사는 정통 의학에서 벗어나는 새로운 치료법을 개발할 것이다.

따라서, 이 모든 것을 종합하면 어떤 결론을 얻을 수 있을까?

1. 병균과의 전쟁은……

병균은 지구상에서 사라지지 않고 계속 남겠지만, 그렇다고 해서 우리가 승리를 거둘 수 없다는 이야기는 아니다. 1980년에 의사들은 천연두에 대해 최종적인 승리를 거두었다고 환호했다. 전 세계적인 백신 접종으로 지구상에서 천연두균이 완전히 사라진 것이다.

21세기에 의사들은 또 하나의 치명적인 병균인 소아마비 바이러스를 박멸하기 위해 노력하고 있다. 1916년에 소아마비가 뉴욕에 퍼지기 시작했을 때, 아무도 그 병의 원인을 몰랐다. 주로 어린이가 그 병에 걸렸고, 병에 걸리면 움직일 수가 없었고, 일부 사람은 숨을 쉴 수 없어 죽어 갔다. 공포에 질린 부모들은 그 병의 원인으로 다음과 같은 것들을 지목했다.

소아마비에 걸린 사람의 앞날은 암담하기만 했다. 어떤 사람은 평생 동안 불구로 살아가야 했고, 또 어떤 사람은 숨 쉬는 걸 도와주는, 철폐라고 부르는 금속 상자 속에 누워 지내야 했다. 미국 대통령인 프랭클린 루스벨트(Franklin D. Roosevelt, 1882~1945)도 소아마비 환자였으며, 평생 동안 휠체어에 앉아 생활해야 했다.

그러나 1961년부터 설탕 덩어리에 넣은 맛있는 백신으로 소아마비를 예방할 수 있게 되었다. 1988년, 세계보건기구는 소아마비를 박멸하기로 결정했고, 그에 따라 설탕 덩어리와 백신으로 무장한 헌신적인 의사들이 아프리카와 아시아에서 소아마비 바이러스를 추적하며 사냥하고 있다. 조만간 공포의 대상이었던 이 질병은 옛날이야기가 되고 말 것이다. 세계 어린이들을 위해 이만큼 좋은 선물도 또 없을 것이다.

2. 수명이 더 길어진다?

200년 전만 하더라도, 40세 이상 사는 사람이 아주 드물었다. 그러나 지금은 잘사는 나라에서는 100세 넘게 사는 사람의 수가 점점 늘어나고 있다. 이것은 건강에 좋은 식품과 깨끗한 물 그리고 의학의 발전 덕분이다.

3. 유전자 요법?

어…… 내멋대로 박사님, 유전자 요법이 뭔가요?

사람의 몸은 유전자라고 부르는 화학적 암호의 지시를 받아 돌아간단다. 유전자는 대부분의 세포 속에 들어 있지. 그런데 결함이 있는 유전자는 암과 같은 질병의 원인이 돼. 유전자 요법이란, 이런 유전자를 건강한 유전자로 바꾸어 주는 것이지. 이 요법은 1980년에 개발되었단다.

내멋대로 박사님, 이제 손 좀 그만 주물럭거리시지요!

정말 천재적인 아이디어가 아닌가!

4. 새로운 치료법?

정통 의학 외에도 치료법에는 많은 종류가 있다. 예를 들면……

동종 요법 - 이것은 질병과 동일한 증상을 일으키는 약물을 극소량 환자에게 투여하는 방법이다. '같은 것이 같은 것을 치료한다'는 게 동종 요법의 철학인데, 효과가 있다고 주장하는 사람이 꽤 있다.

향기 요법 - 이것은 향기를 사용해 환자를 안정시키고 기분을 좋게 함으로써 치료에 도움을 주는 방법이다. 그렇지만 일부 의사는 이 방법을 쓸데없는 것이라고 여긴다.

'패치' 애덤스('Patch' Adams)라는 미국 의사는 환자를 웃기게 하려고 광대 복장을 하는 것으로 유명하다. 그는 웃음이 사람의 기분을 좋게 함으로써 치료에 도움을 준다고 믿는다. 아마도 미래의 병원에서는 유머 요법도 버젓이 사용되지 않을까?

미래로 간 내멋대로 박사는 어떤 충격을 받을까?

과연 미래의 모습은 이것과 비슷할까? 모든 건 시간이 지나면 밝혀질 것이다. 그러니까 지금으로서는 알 수 없다는 이야기! 그렇지만 미래에 어떤 일이 일어날지 말해 줄 수는 없어도, 최소한 과거에 어떤 일이 일어났는지는 이야기해 줄 수 있다. 으스스한 의학에 관한 이야기는 바로 여기에 초점을 맞추었다.

으스스한 의학에 관한 마지막 한마디

"의사는 자신의 실수를 땅속에 파묻는다."라는 속담이 있는데, 그것은 사실이 아니다. 의사는 대개 다른 사람을 시켜 시체를 파묻게 한다. 혹은 시체를 해부한다.

의학 이야기에는 으스스한 실패가 도처에 널려 있다! 그러나 좋은 점도 있다. 의학은 생명을 구하려는 노력에서 시작되었고, 온갖 혼란과 실패에도 불구하고 의사들은 그러한 노력을 포기하지 않았다. 그러다가 마침내 새로운 치료 과학이 나타났다. 그것은 세상을 변화시켰고, 지금도 많은 인명을 구하고 있다. 의학의 발전으로 모두가 건강하고 오래 살길!

앗, 시리즈 (전 70권)

수많은 교사와 학생들이 한눈에 반한 책.

전 세계 2천만 독자의 인기를 독차지한 〈앗, 시리즈〉는 수학에서부터 과학, 사회, 역사까지, 공부와 재미를 둘 다 잡은 똑똑한 학습교양서입니다.

수학
- 01 수학이 모두 모여 수군수군
- 02 수학이 수리수리 마술이
- 03 수학이 수군수군
- 04 수학이 또 수군수군
- 05 수학이 자꾸 수군수군 1. 셈
- 06 수학이 자꾸 수군수군 2. 분수
- 07 수학이 자꾸 수군수군 3. 확률
- 08 수학이 자꾸 수군수군 4. 측정
- 09 대수와 방정맞은 방정식
- 10 도형이 도리도리
- 11 섬뜩섬뜩 삼각법
- 12 이상야릇 수의 세계
- 13 수학 공식이 꼬물꼬물
- 14 수학이 꿈틀꿈틀

과학
- 15 물리가 물렁물렁
- 16 화학이 화끈화끈
- 17 우주가 우왕좌왕
- 18 구석구석 인체 탐verter
- 19 식물이 시끌시끌
- 20 벌레가 벌렁벌렁
- 21 동물이 뒹굴뒹굴
- 22 화산이 왈칵왈칵
- 23 소리가 속삭속삭
- 24 진화가 진짜진짜
- 25 꼬르륵 빗속여행
- 26 두뇌가 뒤죽박죽
- 27 번들번들 빛나리
- 28 전기가 찌릿찌릿
- 29 과학자는 괴로워?
- 30 공룡이 용용 죽겠지
- 31 질병이 지끈지끈
- 32 지진이 우르쾅쾅
- 33 오싹오싹 무서운 독
- 34 에너지가 불끈불끈
- 35 태양계가 티격태격
- 36 튼튼탄탄 내 몸 관리
- 37 똑딱똑딱 시간 여행
- 38 미생물이 미끌미끌
- 39 의학이 으악으악
- 40 노발대발 야생동물
- 41 뜨끈뜨끈 지구 온난화
- 42 생각번뜩 아인슈타인
- 43 과학 천재 아이작 뉴턴
- 44 소름 돋는 과학 퀴즈

사회 · 역사
- 45 바다가 바글바글
- 46 강물이 꾸물꾸물
- 47 폭풍이 푸하푸하
- 48 사막이 바싹바싹
- 49 높은 산이 아찔아찔
- 50 호수가 넘실넘실
- 51 오들오들 남극북극
- 52 우글우글 열대우림
- 53 올록볼록 올림픽
- 54 와글와글 월드컵
- 55 파고 파헤치는 고고학
- 56 이왕이면 이집트
- 57 그럴싸한 그리스
- 58 모든 길은 로마로
- 59 아슬아슬 아스텍
- 60 잉카가 이크이크
- 61 들썩들썩 석기 시대
- 62 어두컴컴 중세 시대
- 63 쿵쿵쾅쾅 제1차 세계 대전
- 64 쾅쾅탕탕 제2차 세계 대전
- 65 야심만만 알렉산더
- 66 위풍당당 엘리자베스 1세
- 67 위엄가득 빅토리아 여왕
- 68 비밀의 왕 투탕카멘
- 69 최강 여왕 클레오파트라
- 70 만능 천재 레오나르도 다 빈치

전 세계 2천만 독자가 함께 읽는
<앗, 시리즈>